日本とソ連・ロシアの経済関係

戦後から現代まで

高橋 浩 著

EURASIA LIBRARY

ユーラシア文庫
18

目次

日本とソ連・ロシアの経済関係

戦後から現代まで

1　日本とソ連の経済関係

（1）戦後の状況

国交回復前の動き

第二次大戦で日本が敗戦し、日本の貿易は占領軍、いわゆるＧＨＱ（連合軍総司令部）の管理下におかれ、政府も民間も日本として自主的な貿易業務に携わることができなくなった。ソ連との貿易も同様であり、すべての取引はＧＨＱが実施し、その委託を受けて実務を民間企業が行った。輸出は木造船、鉄道車両、輸入はサハリンの石炭、いわゆる樺太炭が大きな割合を占めていた。当時の日本はエネルギー資源、すなわち石炭が不足していた。

一九四九年に貿易は民間に戻されたが、同時に急速に米ソの冷戦が進み、ソ連と貿易を行うということは共産主義者とみなされることが多く、社会的に非常にやりにくい状況があった。一九五一年には日米安保条約（旧）の調印、一九五二年に発効し、日本は米国の同盟国となった。共産圏諸国への輸出規制を行う対共産圏輸出統制委員会、いわゆるココムが一九四九年に結成されて、日本も一九五二年に加盟した。一九五一年の日本からソ連への輸出実績はゼロとなった。

ソ連との取引には強い逆風が吹いていた時期ではあるが、ソ連に抑留された人で、親ソ、親共産主義の思想を持った人々などが中心となって、日ソ貿易促進運動の動きもあった。その中心のひとつとして、日ソ貿易会という団体もできた。日ソの国交のない中での貿易は両国間の出入国、貿易の決済などで非常に困難を伴った。貿易促進運動は親共産主義運動の一環という側面はあったが、日本のなかでソ連に大きな期待を寄せていた業界もあった。それは、木材業界である。日本各地に、ソ連からの木材輸入促進の運動体が結成され、戦前から行われてきたソ連材の輸入の復活を願った。そして、一九五四年にようやくソ連からの木材の輸入がはじまり、以後、日ソ貿易の輸入の主役となった。

戦後の日ソ貿易の黎明期、ソ連との貿易への風当たりの強さから、日本の大手商社は本体の名前ではなく、いわゆるダミー商社を設立し、その名前でソ連あるいは共産圏との貿易をとり行っていた。例えば、三井物産は東邦物産、三菱商事が明和産業、丸紅が日本海貿易、住友商事は大華貿易というように、別会社を使って取引を行ったのである。

ソ連との貿易促進運動の母体として設立された日ソ貿易会は一九五五年に、ソ連以外の東欧の共産圏諸国へのミッション派遣を機に、東欧諸国とも貿易促進運動を行うこととなり、名称も日ソ東欧貿易会となった。また、日ソの国

年	総額	輸出	輸入	収支
1946	24	24	0	24
1947	2,144	140	2,004	▲1,864
1948	7,055	4,385	2,670	1,715
1949	9,293	7,360	1,933	5,427
1950	1,461	723	738	▲15
1951	28	0	28	▲28
1952	609	150	459	▲309
1953	2,168	7	2,101	▲2,094
1954	2,288	39	2,249	▲2,210
1955	5,780	2,710	3,070	▲360
1956	3,620	760	2,860	▲2,100

日本とソ連の戦後、国交回復前までの貿易推移（単位：1000ドル）
出所『日ソ東欧貿易調査月報』（日ソ東欧貿易会、1963年4月号、19ページ）

交回復後、一九五八年には会長に元自民党衆議院議員の北村徳太郎氏が就任し、専務理事にも大手商社出身者が就任するなど、ソ連および共産圏との貿易促進運動も政治運動的要素が徐々に薄まり、経済ビジネス的要素が強まってきた。

ソ連抑留者

第二次大戦後の日本の軍人が大量にソ連に抑留されて強制労働を科されたことは日ソ・日ロ関係に大きなネガティブな影響を与えた。

抑留者で戦後の日本の政治経済分野で大きな役割を果たした人物に、大手商社の伊藤忠商事の瀬島龍三元会長がいる。同氏は、戦前は日本軍の参謀として作戦立案にかかわった重要人物である。戦後は、極東軍事裁判にソ連側証人として出廷するために一時帰国したこともあったが、一一年の長きに渡り抑留者として過ごした。帰国後は、伊藤忠商事で働き、最終的には会長となり、同社の発展に寄与した。中国ビジネスには同氏の先駆的役割は大きい。同氏は、中曽根元首相の軍隊時代の先輩であり、国鉄（現在のＪＲ）や電電公社（現在のＮＴＴ）といった国営企業の民営化など、行財政改革にも大きな役割を果たした。

しかし、商社に勤めた割には、ソ連、ロシアとの関係は乏しく、日ソの抑留問題を語る上でキーパーソンであったが、多くを語ることはなかった、ソ連との関係は謎が多く、よくない噂もあった。

筆者の義父はあまたいる無名の抑留者のひとりだった。鉄道員であったので、抑留中はボイラーマンとして一般抑留者に比べてよい待遇を受けたらしい。家族に抑留時代の話をすることは少なかったが、高齢になるにつれて、どの辺りで抑留されていたとか、具体的な話をするようになったようである。ときどき一般の抑留者の中からボイラーマンの補助員の選抜を任されたのだが、選抜された人は、戦後、義父のところを訪れ、「あなたのおかげで命が助かった」と涙ながらに感謝をしていたそうである。一般の抑留者が死亡するケースは多く、公式にはソ連抑留者約五七万人、死亡はその約一割の約五万八〇〇〇人とされているが、極寒の地など、局所的には死亡者の割合はもっと高かったはずである。

国交回復後の動き

一九五四年一二月に吉田内閣が倒れ、日ソ国交回復を第一の政策課題にあげた鳩山内閣が誕生し、一九五五年は一気に日ソ国交回復の動きが進んだ。国際環境も一時的に良好であり、一九五三年のソ連の最高指導者スターリン死去、朝鮮戦争の終結、米ソの緊張緩和など、様々な国際的な後押しもあり、一九五六年の日ソ共同宣言に至った。一九五六年に日ソ共同宣言が署名され発効し、日本とソ連の国交回復が実現し、翌年に日ソ貿易支払協定が締結されて、日ソの貿易経済関係が正常化した。一九六〇年のモスクワでの第一回日本産業見本市では、連日行列ができる大盛況であった。ここで、ソ連国民は第二次大戦後の日本の復興と工業製品のレベルの高さを知ることとなった。一方、ソ連政府は、翌一九六一年に東京でソ連産業見本市を開催し、来日したミコヤン第一副首相一行は日本の工場視察を行った。この一連の過程でソ連国民は日本の技術力の高さを知り、それ以降のソ連と日本の経済関係が活発化する契機となった。

この時期の日本とソ連の貿易商品としては、日本からは鉄鋼、機械等もあったが、繊維製品が多く、ソ連からは、木材、石炭も多かったが、原油も多かった。原油の輸入は、日ソの貿易協定締結時、日本政府が民間会社に要請して実現したものである。しかし、ソ連からの原油輸入は簡単なものではなかった。当時の日本の石油各社はいわゆる欧米メジャーの支配下にあり、メジャーに属さないソ連石油の輸入には、日本企業は躊躇をしていた。そのなかで、いわゆるメジャーから独立して民族系とよばれていた出光だけがソ連取引が可能であり、出光がソ連との取引を行った。しかし、同社は米国での反発を買い、例えば、極東の米軍が出光のジェット燃料を買わないなど、ビジネスの一部を失うということもあった。それでも出光の原油取引は一九七〇年代まで約二十年間続いた。一九六一年の実績をみると、原油と重油がソ連からの輸入の三割以上を占め、最大の輸入品目であった。続いて、木材、銑鉄が二割、石炭が一割といったところである。なお、この一九六一年という年は、日本がワクチンをソ連から輸入した年で、輸入額は約九〇万ドルと輸入の〇・六パーセントを占めた。

（2）資源エネルギー以外でソ連から輸入したもの

ポリオワクチンの緊急輸入

日本が先進国として世界の大国に仲間入りした七〇年代以降のみを知る人からみると、

ソ連やロシアが、資源エネルギー以外で日本に輸出した技術や商品があることなど想像がつかないかもしれないが、日本にとって重要な役割を果たしたものがあった。

第一に、伝染病のポリオの生ワクチンである。日本では一九五〇年代から一九六〇年代にポリオ（小児まひ）が発生、一九六〇年にも五〇〇〇人以上の患者が発生し、三〇〇〇人以上が死亡した。一九六一年も大流行し、患者が急増、国民の間に不安が広がっていた。当時ソ連にあったワクチンに効果があるとみられていたが、日本の厚生省は、ソ連は信用できないとして輸入を認めていなかった。危機感をもった母親たちは、ポリオに関するある講演会をきっかけに輸入を求める運動を組織、都庁、政府を動かし、緊急輸入することとなった。運動開始から緊急輸入決定まで、約三か月、決定から輸入まで一か月ほどの素早い対応であった。輸入したワクチンは一三〇〇万人分にのぼる大量のもので、計画経済のソ連の生産体制に大きな問題はあったが、緊急事態ということでソ連側も政治的に対処し、対日輸出が実現した。ワクチンの輸入、投与は七月、即効果が表れ、患者は激減した（これらの情報は、全日本民医連のサイトにある「みんいれん半世紀」の連載記事を参考にした）。このときワクチンの輸入事業を取り扱ったイスクラ産業は、このビジネスで大きくなった。

また、後に国会議員として活躍するNHK記者の上田哲氏がポリオ報道を積極的に展開したことも社会を動かした。

第二は、鉄鋼の連続鋳造技術である。ソ連は鉄鋼技術では先進的なものを開発しており、日本は会社単位ではなく、鉄鋼連盟が一九六三年にソ連の特許関連の公団と技術導入契約を締結した。ソ連の鉄鋼技術は、連続鋳造技術以外にも多くのものを日本が導入した。

他の事例として大鵬薬品は日本ではじめて経口抗がん剤を販売したが、この技術は一九七〇年代にソ連から導入したものである。その他、掘削機、特殊なプレス機など、様々な技術が導入された

ソ連は世界ではじめて人工衛星の打ち上げに成功し、世界ではじめて有人宇宙飛行も達成するなど、宇宙技術をはじめ、特定の分野では世界的水準にある。工作機械の一種の放電加工機もソ連の研究者が第二次大戦の時期に技術開発したものである。しかしながら、鉄鋼の連続鋳造設備も自国では普及できず、放電加工機も自国での大量生産までには行きつかなかった。ここに、ソ連経済の大きな問題があった。

ロシア発のスイーツ

ロシアから持ち込まれたスイーツで最も有名なものはチョコのモロゾフであろう。ロシア革命後に日本に来た白系ロシア人の職人モロゾフの名前からとった会社で、日本のチョコレート業界に大きな足跡を残してきた。

クッキーにジャムやナッツ等を真ん中にのせた「ロシアケーキ」は一九三〇年代に新宿中村屋でつくられたなど、諸説あるが革命後に来たロシア人職人が教えたもののようである。ジャムはロシアでは日常的で自家製も多いが、クッキーにのせるのが当たり前というわけではない。ジャムつながりで言うと、紅茶にジャムを入れたロシアンティーというものが日本のロシア料理店にあるが、これもロシアで普通というわけではなく、飲みながらジャムを舐めることがあるぐらいである。

ちなみに、あんこをカステラの生地で挟んだ「シベリア」というお菓子がある。筆者の実家は東北の地方都市の菓子屋であるが、子供の頃は存在を知らなかった。知ったのは東京で学生生活を始めて以降である。スタジオジブリのアニメ『風立ちぬ』のなかに、このシベリアがでてくるので、大正から昭和にかけて人気があったという話もある。どこでもみかけるお菓子ではないが、大手パンメーカも製造しているのは、根強い人気がある証拠であろう。なぜ、名前がシベリアか？　形がシベリア鉄道のレール、シベリアのタイガを思わせる、いろいろ諸説あるが、明確な答えはないようである。ロシアにあんこはなく、ましてや、シベリアにこの菓子はない。

パルナス製菓という会社が一九六〇年代から一九九〇年代に関西に存在した。関西の中高年のひとには懐かしいお菓子屋のようで、多数の店を関西に出店していた。店舗数が多かっただけではなく、『ムーミン』や『リボンの騎士』などのアニメ番組の提供をはじめ、テレビコマーシャルを積極的に行っていた。創業者がソ連抑留を経験し、日ソの国交回復を機にソ連に人を派遣するとともに、ソ連から技術者を招聘して、ソ連のお菓子の製造法を研究した。しかしソ連と同じものを作ったわけではなく、クレモフ（ロシア風シュークリーム）、パルピロ（ピロシキ）など、興味深いお菓子を売っていた。二〇〇二年に会社を清算してしまったので、食べられないのが残念であるが、関西でソ連およびロシアへの関心を引き起こしたことは間違いない。

日本のスイーツ界に大きな影響を与えたとまでは言えないかもしれないが、ヨーロッパの甘い文化がソ連を介して日本に導入されたことは確かである。

東京オリンピックとソ連

ソ連といえば、筆者のような中高年には、ユニフォームにＣＣＣＰ（ロシア文字でソビエト社会主義共和国連邦の略称、エスエスエスエルと読む）をつけて、オリンピックや国際大会で圧倒的な力をみせつけたスポーツ選手だった。一九六四年の東京オリンピックでは金メダルの数では米国についで二位であったが、銀と銅を入れたメダル獲得数ではソ連が一位であった。このときのオリンピックは気候がよい、今風に言えばアスリートファーストの十月開催であった。一説では、暑い時期を嫌ったソ連が十月を強く主張したと言われている。ソ連選手団は一か月前から事前合宿を日光で実施し、宇都宮のトレーニング施設に通った。宿泊先は日光金谷ホテルである。金谷ホテルは高級ホテルで当時としては数少ない外国人が滞在可能なホテルであった。当時を知る栃木県出身の筆者の元上司は、ソ連は金持ちの国だと思ったそうである。確かに当時のソ連は国力があり、選手強化養成に潤沢なお金を投入した。しかしながら、地元の『下野新聞』（平成二六年一月四日）には当時を知る従業員からの話として「お金をほとんど持っていなかった選手たち。従業員と物々交換をして日本製品を手に入れた」（引用は栃木県作成のパンフレット「TOCHIGI THE BEST FOR OLYMPICS TRAINING CAMPS TOKYO 2020「トレーニングキャンプ地に最適な〝とちぎ〟」の中から）とあるように、個人としては外貨をもてず、非常に貧しかった側面もある。それでも、この記事によると重量挙げの選手は朝からステーキ二枚と牛乳二リットルを飲むなど、食生活は最高で、国をあげて選手を支援し、ホテルも精一杯応えたようである。

（3）一九七〇年代から一九八〇年代

シベリア開発プロジェクト主導の経済関係

一九七〇年代半ばから一九八〇年代の日ソ貿易は、日本の輸出主導であった。当時の日本とソ連の間にはシベリア開発プロジェクトといわれるいくつかのプロジェクトが存在し、日本とソ連の貿易を牽引していた。これらのプロジェクトの日本側の主体は民間組織である経済団体連合会に属する日ロ経済委員会が実施し、ソ連側の主体は、社会主義体制のも

プロジェクト名	成約年
第1次極東森林資源開発協力	1968年
第2次極東森林資源開発協力	1974年
第3次極東森林資源開発協力	1981年
ウランゲル湾（現ボストーチニー港）建設協力	1970年
第1次チップ・パルプ材開発協力	1971年
第2次チップ・パルプ材開発協力	1985年
南ヤクート原料炭開発協力	1974年
サハリン大陸棚石油・ガス探鉱開発協力	1975年
ヤクート天然ガス探鉱開発協力	1974年（後に中止）

日本とソ連との間のシベリア開発プロジェクト一覧

『環日本海交流事典95〜96』（創知社、1995年）をもとに作成

とで貿易が国家独占であったためにソ連政府となっていた。

資源小国である日本の財界および政府は、資源獲得先としてソ連に目をつけ、石油、天然ガス、木材、石炭がその対象となった。もっとも、ヤクートの天然ガス開発については、米ソ対立の激化など国際関係の悪化によって頓挫したほか、サハリン石油ガス開発探鉱プロジェクトは、一九八〇年代半ばの原油価格下落の影響を受けて、すぐに事業化に移行できなかったが、その後、サハリン1の事業に引き継がれたという点では成功であったといえる。木材と石炭については、ソ連時代に一定の成功をおさめた。資源輸出インフラ整備の一貫としてナホトカのボストーチニー港の建設も

行われた。シベリア開発プロジェクトは、日本とロシアの貿易拡大に貢献するとともに、ソ連の極東およびシベリアの経済発展に貢献した。筆者の元上司の故小川和男氏は、日ソ協力第一号プロジェクトの第一次森林資源開発プロジェクトについて「このプロジェクトに基づく輸出契約は、一九六九～七〇年の対ソ連輸出総額の二〇パーセント以上、機械・金属製品輸出の五〇パーセント以上を占め」(『シベリア開発と日本』、時事通信社、一九七四年、一四九ページ)たと書いている。日本の対ソ輸出拡大に寄与したプロジェクトである。

一九七〇年代のソ連では石油天然ガス開発が進み、日本から大口径鋼管等の鉄鋼、建設機械の輸出が増加したほか、肥料プラントその他の化学プラント建設も日本企業が多く受注し、プラント輸出も大きかった。シベリア開発プロジェクトが輸出先行であったこと、およびその他のプラント輸出も多かったために、一九七四年までほぼ日本側の輸入超過であった日ソ貿易は、一九七五年から一九八九年まで日本の輸出超過となった。

元住友商事の石川進一氏は、一九八六年の日ソ貿易を分析するなかで、日本全体の輸出に占めるソ連の割合は一・五パーセントと低く、輸出で一三位、輸入は一五位と大きいものではないものの、個別の商品では、ソ連は相当なシェアをもっていたと指摘した。鋼管輸出は三〇億七六〇〇万ドルで、日本の全世界向け鋼管輸出の三二パーセントであった。大口径管ではほぼ全量がソ連向けであった。建設機械では、同年の全体の輸出の一一パーセント強、八二年では一五パーセントにもなったと指摘している（『日ソ・日ロ経済交流史』、一五四〜一五五ページ）。肥料プラント等のソ連向け輸出も多かったが、日本では初といったような大規模のものも多く、ソ連向けの輸出は日本の特定の業界においては非常に重要性が高いものであった。そして、ソ連の一九七〇年代から一九八〇年代の原燃料基盤の開発、また、化学プラント・肥料プラント等の建設でソ連経済の発展に日本は貢献した。

当時のソ連に滞在する日本人ビジネスマンは多くが特定のホテル住まいを強いられ、快適とは言いがたい環境で生活した。その様子の一端は、彼らの生活を綴った堀田善衛氏の小説『一九階日本横丁』に描かれている。モスクワでの生活描写は興味深く、また、ビジネスの大変さ、苦悩が描かれていた。第二次大戦時、ビザ発給で多くのユダヤ人を救った杉原千畝氏も一九六〇年代から七〇年代に中堅商社のモスクワ駐在として活躍した。

一九八〇年の日ソ貿易の商品構成をみると、輸出は、シベリア開発プロジェクトやプラント輸出を反映して、機械および鉄鋼などの金属品が大きなシェアを占め、輸入は木材のシェアが非常に大きく、次いで石炭、非鉄金属の割合も多くなっている。小川和男氏は一九七三年の木材の輸入状況について「木材輸入額は、日本の輸入商品のなかでは、単品としては原油輸入額についで二番目に大きい品目で」、ソ連からの木材輸入は数量で約一七・五パーセントと大きなものであると指摘している（『シベリア開発と日本』、二三二～二三三ページ）。

ソ連時代は、貿易の国家独占体制のもと、輸出代金の支払いが国家保証さ

契約年	件名	万ドル	サプライヤー他
1975	アンモニア製造設備	25,000	東洋エンジニアリング
1976	薄板連続焼鈍設備	5,200	日本鋼管
	複化化成肥料設備	11,000	東洋エンジニアリング
	アンモニア製造設備	25,000	同上
	アンモニア製造設備等	11,000	同上
	クロロプレン製造設備	11,000	神戸製綱所
	石油ガス精製設備	23,000	日本製鋼所・日綿
1977	ナフサ原料アンモニア設備	8,200	東洋エンジニアリング
	複合化成肥料製造設備	15,000	東洋エンジニアリング
	アンモニア製造設備	17,000	東洋エンジニアリング
1978	ガラスパルプ製造設備	6,533	日本電気硝子
1979	大型タイヤ製造設備	7,000	三菱重工・前川
	カネカロン製造設備	6,800	川崎重工・兼松江商
1981	ブタジエン製造設備	8,000	東洋エンジニアリング

日本のソ連向け5,000万ドル以上のプラント輸出（1975年～1981年）

『日ソ貿易要覧（改訂版）』（ソ連東欧貿易会、1983年）をもとに作成

れており、契約に至るまでは難しさがあるが、輸出契約自体は大規模なものとなって日本の企業にとって大きなうまみのあるものであった。ソ連末期の一九八九年が日ソ貿易の最高額を記録したが、皮肉なことに、このあたりからソ連経済の混乱によって、代金未払いが生じはじめた。

沿岸貿易の動き

朝鮮戦争後の不況期、日本海沿岸地域を中心に、戦前の経験を踏まえた対岸貿易の開始と発展を望む運動が拡大した。一九五四年に新潟で第一回対岸貿易振興港湾復興会議、

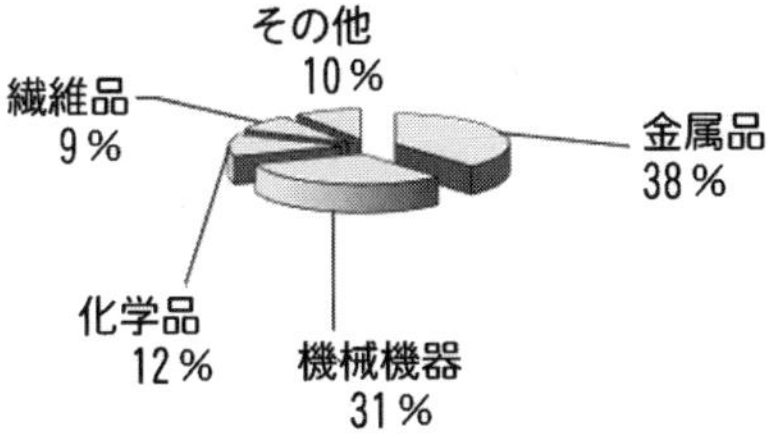

日本の対ソ輸出商品構成比（1980年）
『ソ連東欧貿易調査月報』（1983年 4 月号）をもとに作成

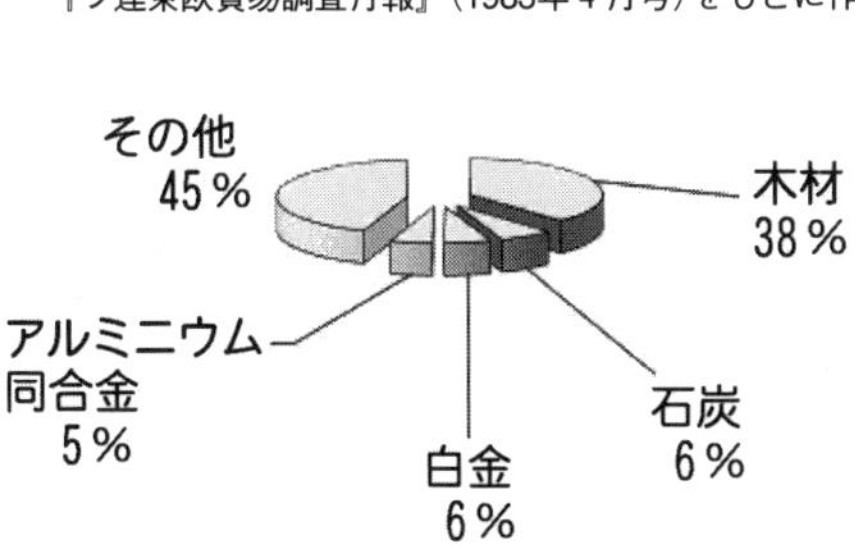

日本の対ソ輸入商品構成比（1980年）
『ソ連東欧貿易調査月報』（1983年 4 月号）をもとに作成

一九五六年には舞鶴で対岸貿易促進大会が開かれた。これらの動きは「日本海を平和の海に」などの当時の冷戦時代に対抗するスローガンともマッチして、盛り上がりをみせた。ソ連もこの動きに対応する姿勢をみせ、一九六三年の日ソの三か年貿易支払い協定のなかで、はじめて日本とソ連極東の消費物資の交換を目的とする交換公文（公文書の交換による国家間の合意）が採択された。翌年、ソ連の担当貿易公団ダリイントルグ（極東外国貿易）が設立され、この公団が輸出して得た外貨をもとに輸入する一種のバーター取引のような枠組で貿易がなされた。

沿岸貿易に参加する日本企業は数社からはじまり、一九八〇年代には一〇〇社以上に増加した。貿易額も一九六三年の約一〇〇万ドルから一九八一年の約一億二千万ドルと増加した。日ソ貿易に占める沿岸貿易の割合は当初、〇・四パーセント程度であったが、その後は二パーセント程度で推移した。最初に沿岸貿易の取引の中核をなしていたのは、スケソウダラの輸入であった。ロシア人が食しないスケソウダラを飼料用のフィッシュミールに加工、のちには、たらこ、すり身に加工することに日本人が目をつけ、一方、ソ連側としては、それによる外貨獲得あるいはロシア極東の消費物資獲得の一助とするメリットがあった。日本との貿易額は一九八〇年代には約一億ドルに達したが、じり貧傾向になるとともに、内外の大きな変化のなかで、沿岸貿易は役割を終わることとなった。

取引品目は、ソ連から日本への輸入品としては、当初は水産物が中心で、日本からの輸出品は繊維製品や食器などが主であった。その後、取引額が拡大し、ソ連からは木材や石炭も増えて、木材、石炭、海産物が主要な日本の輸入品とな

	合計	日本の輸出	日本の輸入	収支
1963	1.3	0.4	0.9	▲0.5
1964	4.3	1.8	2.5	▲0.7
1965	5.3	1.3	4.0	▲2.7
1966	10.1	5.3	4.8	0.5
1967	13.1	6.1	7.0	▲0.9
1968	11.4	5.6	5.8	▲0.2
1969	14.8	6.9	7.9	▲1.0
1970	19.3	8.4	10.9	▲2.5
1971	18.0	7.8	10.2	▲2.4
1972	24.8	11.2	13.6	▲2.4
1973	33.5	15.2	18.3	▲3.1
1974	46.5	24.0	22.5	1.5
1975	50.9	24.7	26.2	▲1.5
1976	58.1	27.5	30.7	▲3.2
1977	66.4	31.6	34.7	▲3.1
1978	74.7	34.9	39.7	▲4.8
1979	94.1	43.5	50.6	▲7.1
1980	109.1	54.8	54.3	0.5
1981	122.9	68.7	54.2	14.5
1982	97.5	51 4	6.5	4.5
1983	99.5	49.9	49.6	0.3
1984	96.8	42.9	53.9	▲11.0

日ソ沿岸貿易の推移（単位100万ドル）
出所「ソ連東欧貿易調査月報」（1987年、10月号、85ページ）

った。日本からソ連には繊維製品に加えて、ラジオ・音響製品などの家電、電卓等の事務機器等の消費財に加えて、ブルドーザ、クレーンなどの建機も輸出されるようになった。ソ連の極東、シベリアからの産品としては、上記三品目に比べれば、金額は少ないが、蜂蜜やワラビなどもあった。

日本との沿岸貿易が縮小、終了することとなったのは、国際的には一九六〇年代から一九七〇年代に生じた中ソ対立が解消し、中ソの国境貿易が一九八三年に始まり、両国の貿易が増えてロシア極東の貿易における日本の独占的な地位が下がったことがひとつの大きな要因である。また、決定的となったのは、ソ連国内ではゴルバチョフ登場後の貿易改革によって、沿岸貿易を担当したソ連の貿易公団ダリイントルグが一九八八年にロシア連邦共和国の貿易公団に統合されて消滅し沿岸貿易の仕組みが消滅したことである。一九八七年五月に、ウラジオストク市で、日本の沿岸貿易見本市が開催され、これまで外国人に閉ざされてきたウラジオストクに日本人百人近くが訪問し、沿岸貿易見本市としては展示社数（三十三社）、貨物額（一億五千七百万ドル）と過去最高となったが、それが最後の開催となったのは皮肉である。

極東の窓口の変遷

ロシア極東の中心都市というと最近はウラジオストクの名が上がる。しかし、戦後長い間、ウラジオストクは軍事拠点として外国人の立ち入りが禁止されていたために、ソ連時代は、日本からロシア極東に入ることのできる都市はナホトカ、ハバロフスクに限られた。そのなかで人口一〇万強の小さな町であるが、ナホトカは重要な位置を占めた。戦後すぐはソ連抑留者の引揚船の出発地として、その後は横浜との間で定期航路が設けられ、二泊三日をかけて津軽海峡を越えてナホトカに到着するルートがあった。到着後、延々と鉄道で欧州に向うか、ハバロフスクまで鉄道でそこから空路で欧州部に向かうのが格安の旅行ルートであった。筆者もこの航路を一九八四年夏に利用した。初の海外旅行、その最初の到達地がナホトカである。筆者の場合は夜行鉄道でハバロフスクに向かい、人生初めての飛行機でレニングラードに向かった。蛇足ながら、その一か月後の帰路は、モスクワから空路でハバロフスク、鉄道でナホトカに着き、航路横浜に向かったが、台風が直撃し、船は大揺れに揺れて、椅子に座るのもままならず、船酔い者が続出、津軽海峡を渡れず、関門海峡を通り、高知県沖を航行、通常よりも、一泊多い三泊四日の船旅となった。

一九七三年には、ハバロフスクと新潟を結ぶ飛行機の便が開設され、ソ連極東への仕事上の入り口としてはハバロフスクが拠点となった。外国人向けホテルもあり、観光地でもあったハバロフスクに比べ、航路のみのナホトカの地位が低下した。ナホトカはソ連への入り口ではあったが、通過するだけで、観光は許されなかったので、沿岸貿易の衰退とともに、ナホトカは忘れられるようになった。

冷戦下の貿易

日ソの経済関係は厳しい米ソの対立のなか、東西冷戦のなかで実施されてきた。しかし、いわゆるデタントといわれる冷戦対立の緩和などもあって、日本はソ連と一定の貿易経済関係を発展させてきたといえるが、様々な政治的・社会的事件もあって、政治や経済で大きな浮き沈みがあった。

デタントの流れでは、田中角栄首相が一九七三年にソ連を訪問して、第二次大戦以来の未解決の問題を解決して平和条約を締結することが確認されるなど、日ソの政治的関係が大きく進展するとともに、大型プロジェクトが次々と契約される礎をつくった。一九七四年には、植村経団連会長と永野日商会頭がモスクワを訪問し、ソ連共産党書記長ブレジネフと会見をした。

日本の政界、財界がソ連と急速な関係密接化をするなかで、一九七六年九月、ソ連の最新鋭戦闘機ミグ25が函館空港に強行着陸、パイロットのベレンコ中尉が亡命するという事件があり、その機体の処理等の事後処理のまずさもあって、日ソの関係は悪化した。また、ソ連のほうも、一九七九年にアフガニスタン侵攻で国際的に非難された。米国は穀物やハイテクの禁輸などの制裁を実施し、一九八〇年のモスクワオリンピックには、米国、西ドイツ、日本など西側先進諸国の一部や中国、イスラム諸国などがボイコットすることとなった。一九八二年には、ポーランドでの戒厳令発布に対抗した西側諸国の制裁もあった。一九八三年にソ連による大韓航空機撃墜事件（二六九人の乗客、乗務員が全員死亡、うち二八人が日本人）などの悲惨な事件もあり、日本を含め対ソ感情が最悪の状況になった。一九八七年に、東芝の子会社の東芝機械が潜水艦のスクリューを製造する工作機械を不正にソ連に輸出したとして、担当者が刑事罰を受け、米国で親会社の東芝の製品の輸入が制限されたり、議員がハンマーで同社のラジカセをたたき壊すなど感情的な反応も大きかった。なおモスクワオリンピックは日本選手団がボイコットしたが、元ＮＥＣの和田一雄氏によれば、建設されたホテル用のコンピュータシステムを多数受注、納入し、オリンピック期間中にトラブル対策でモスクワに滞在した（『日ソ・日ロ経済交流史』、四五五ページの記述に基づく）。ビジネス案件はそれなりにあったようである。

皮肉なことに、ソ連への制裁があっても、一九七〇年代後半からソ連解体前までは、日ソ貿易のなかでは日本側の出超が続いていた時期であり、シベリア開発プロジェクト関連、大規模プラント輸出、パイプライン用の大口径鋼管輸出などにより、対ソ連輸出案件の規模が大きく、輸出が輸入を大きく上回る状態が続いた。一九八二年の対ソ輸出は前年比一九・六パーセント増の高い伸びを示し、日本の輸出に占めるソ連の割合は二・八パーセント（数字は、ソ連東欧貿易会『日ソ貿易要覧（改訂版）』、一九九〇年、二〇四ページ）まで高まった。

この傾向は、一九八五年にゴルバチョフ書記長が登場し、ソ連の社会経済が大きく変化し始めた後も続いた。経済の加速化戦略による機械設備の導入政策、消費財増産政策などにより大量の西側諸国の機械設備を導入する政策にも支えられて、日本の出超はゴルバチョフ時代末期の一九八九年まで続いたのである。元日商岩井の内山恒平氏は、ソ連の軍需から民需への路線転換の流れのなかで、日本は八五～九〇年の間「多くの品目の生産技術・設計情報および生産設備を輸出してきた」、その品目は、オートバイ、ジェットコースター、フードプロセッサー、家庭用魔法瓶、掃除機等、非常に多岐にわたっていたが、同時に、不良債権化したことも指摘している（『日ソ・日ロ経済交流史』、四五八ページ）。

悪化するソ連イメージ

ソ連の脅威あるいは怖さを示す事件が一九七〇～一九八〇年代にあった。一九七六年のベレンコ中尉の亡命事件は、本人の意思による亡命で、戦闘状態にもならず事なきを得たが、簡単に日本の防空圏を低空で突破して侵入してきたということで、日本の防衛当局に衝撃を与えた。同年の七月には、横浜からナホトカに向かう客船バイカル号の中で日本人女子大学生が行方不明となり、その後、海で発見された。筆者の知人の女性からは、その後、同じルートでソ連に向かおうとして両親から心配されたという話を聞いた。この事件はバイカル号殺人事件として話題になり、日本で小説にもなった（斎藤栄『バイカル号殺人事件』、一九八五年）。ソ連人航海士が犯人としてソ連で起訴され、ソ連のイメージがまた悪くなった。前述の大韓航空機撃墜事件でソ連のイメージは最悪になった。

一九七九年末にはソ連がアフガニスタンに政府支援のために侵攻し、泥沼の戦いが始まった。アメリカ、中国、サウジアラビアなどはソ連侵攻に反対し、アフガニスタン国内の反政府勢力を支援した。この反政府勢力の支援者に、サウジアラビア出身で、後に二〇〇一年の米国での同時多発テロを主導したイスラム原理主義グループのアルカイーダを主導したオサマ・ビン・ラディンがいる。イスラム原理主義を育てた遠因のひとつがソ連のアフガニスタン侵攻であった。

オリンピック・ボイコットの応酬

日本は一九七九年末のソ連のアフガニスタン侵攻に抗議するとして米国などとともに、モスクワオリンピックをボイコットした。世界で多数の国がボイコットしたが、英国、フランス、イタリアなど西欧諸国のなかでも米国と同調しない国もあった。柔道の山下泰裕、マラソンの瀬古利彦をはじめ、当時アスリートとして最盛期を迎えていた選手は参加を強く要望したが、受け入れられず断念することとなった。なお、山下氏は、所属する東海大学の松前総長の勧めで、オリンピックの柔道を観戦したようである。ロシアのプーチン大統領は柔道家で、山下氏を尊敬しており、大統領に直で会える数少ない日本人であるが、同氏が二〇一九年に日本オリンピック委員会の会長となったことに時の流れを感じる。

ビジネスにおいては、ボイコットの影響のない企業もあったが、大打撃であったのが、日本での放送権を独占したテレビ朝日である。オリンピックで大きなはずみをつけるはずが、日本人参加がなく視聴率も期待できず、深夜の時間帯に大幅に時間を縮小して放映した。テレビ放映権の独占は、当時の三浦甲子二《きねじ》テレビ朝日専務のソ連との強いコネクションで実現したといわれるが、三浦甲子二氏には様々なソ連との関係をめぐる噂があった。

なお、アフガニスタン侵攻後の一九八〇年二月に米国のレークプラシッドで冬季オリンピックが開催され、ソ連選手団が不参加との噂があったが参加した。アイスホッケーでは米国チームが常勝ソ連に勝利するという奇跡を成し遂げ、金メダルを獲得するという快挙を果たした。

ソ連は次の一九八四年のロサンゼルスオリンピックをボイコットした。ソ連および東欧諸国、キューバなどの関係諸国もボイコットに同調し、オリンピックと同じ時期にモスクワで国際スポーツイベントを実施した。筆者は当時ソ連に団体で旅行に行っていて、このイベントの八月の開会式（開会式はロサンゼルスオリンピック後であった）に無理やり連れて行かれた。当時、我々の宿泊したクレムリン近くの今は無きロシアホテルにはキューバをはじめとするたくさんの旧社会主義諸国のアスリートが宿泊していたことを思い出す。

（4）ゴルバチョフ登場後の変化

ソ連の極東政策の大転換

ソ連時代末期は、一九八五年にソ連共産党にゴルバチョフ書記長という改革者が現れ、内外に大きな変化の期待が高まった時代ではあったが、経済的には混乱の時代の始まりとなった。ロシア極東について言えば、アジア太平洋地域に統合される動きが加速した時期でもあった。ロシア極東が、国際経済に閉ざされてきた時代からオープンな時代になったのである。それを主導したのが、ソ連共産党書記長のゴルバチョフであった。彼は、一九八六年七月二三日のウラジオストクでの演説および一九八八年九月一六日の東シベリアのクラスノヤルスクで、ソ連のアジア政策上の重要な政策転換の演説を行った。

ウラジオストク演説では以下の重要な政策的提案を述べた。

（1）アフガニスタンからのソ連軍の撤退
（2）対立してきた中国との対話の開始
（3）米国との太平洋地域における軍縮
（4）ゴルバチョフ書記長の日本訪問の可能性
（5）ロシア極東の輸出促進と合弁企業の設立の可能性
（6）ウラジオストク市の外国人への開放

クラスノヤルスク演説では、上記の（2）、（3）の米国との軍縮、中国との関係改善に加えて韓国との関係正常化の可能性と、極東での特別経済区の設立とロシア極東全体への経済特典の付与を述べた。

一九八八年のソウルオリンピックには、韓国との国交はなかったものの前回のロサンゼルスオリンピック不参加であったソ連が参加した。米ソ両国が一六年ぶりにオリンピックに参加し、国交のない中国も参加するなど融和ムードに満ち溢れたオリンピックとなった。そしてそれがソ連が参加した最後のオリンピックとなった。

ロシア極東の変化への日本の大きな期待

このゴルバチョフ書記長の二つの演説に代表されるソ連の極東およびアジア政策の大転換が、ロシア極東への大きなブームをつくるきっかけとなった。日本では、環日本海圏構想、北東アジア経済圏構想など、これまで注目されなかった地域をめぐる経済圏構想が生まれた。とくに、日本企業が注目したソ連の政策は、合弁企業の設立の認可および、ロシア極東への優遇策や特別経済区の創設に関するものであった。また、ウラジオストク市への外国人への開放も日本企業の関心を引き起こした。一九八七年一月にいわゆる「合弁法」がソ連で制定されたことを受け、日本企業による極東での合弁企業設立の報道が相次ぎ、沿海州のナホトカに作られた特別経済区の進出企業リストにも日本企業の名前がみられた。

ウラジオストク演説を受けて、日本企業だけで構成される見本市がウラジオストクで一九八七年五月に実施された。それまで外国人に厳しく閉鎖してきた市を多数の日本人が訪問し、ウラジオストクを中心として、ロシア極東が発展する雰囲気が大きく醸成されていったのである。このブームは、国連開発計画（UNDP）などの国際機関をも巻き込むことになり、「大ウラジオストク構想」、ロシア、中国、北朝鮮の国境地域を対象とする「図門江（豆満江）開発構想」など、様々な巨大プロジェクト構想が作成された。しかし、このようなロシア極東をめぐる開発構想ブームはソ連が解体し、ロシアが経済混乱に陥り、長く続くことは

2006年頃のウラジオストク
鷹巣展望台から金角湾、ルースキー島を臨む

なかった。ゴルバチョフ書記長は、一九九〇年にソ連の初代大統領になり、一九九一年四月にソ連の元首として初の訪日を果たしたが、八月のクーデター、ソ連解体と苦難の歴史が続いた。

張り子のトラのソ連通貨ルーブル

ソ連の通貨ルーブルはソ連時代には持ち出しも持ち込みも禁止されていた。表面的にはソ連時代の一ルーブルは一ドルよりも価値があり、一九八〇年の公定レートは一ドル〇・六ルーブルぐらいである。しかし、実際は闇レートが横行し、旅行者には数倍から十倍ぐらいの闇レートでルーブルに交換している人もいた。ルーブルは紙くず同様と酷評する人もいて、ルーブルをもっていても、買うべきものを手に入れるには行列が横行し。西側のお酒、食べ物、家電製品、衣料品、日用品、また、ロシアのキャビア、ウオッカ、コニャックなどの高級品は外国人観光客の滞在が許された都市のベリョースカ（ロシア語で白樺のこと）という特別な店で売られており、ルーブルではなく、ドル、円など外貨で買う必要があった。レストランも数が少なく気軽に行けるものではなく、予約が必要な店が多かった。ソ連時代の外貨は非常に貴重なものであり、また、西側諸国の物は貴重で、タバコのマルボロのように通貨と同様に流通するものがあった。ストッキングとかカレンダーとか何でも西側のものは、ソ連では非常に喜ばれた。

2　日本と新生ロシアの経済関係

(1) 大きな期待から失望へ

ゴルバチョフ登場の一九八五年から一九九一年までのソ連末期の政治経済体制の激変、ソ連解体そして新生ロシアの誕生を経て、日本とロシアの貿易・経済関係をめぐる環境が大きく変化した。ソ連時代は、資本主義に敵対し、外国資本導入に対して厳禁の態度をとり、外資との合弁企業の設立は認められていなかった。しかし、一九八七年にはじまる合弁企業法の制定、企業の自主的外貨運用の開始という画期的なソ連の政策の変化からはじまり、ソ連解体後の急激な経済の自由化、資本主義化は、大きな期待とともに、大きな混乱を経済とビジネスに与えた。

とくに、ソ連解体とともに発生したロシアの対外債務返済の停止および貿易債権の踏み倒しは大きな悪影響を対外経済関係に与えた。また、新しい制度ができたのに、日ロの合弁企業のあいつぐ失敗、その後の一九九八年のアジア金融危機を発端とした金融危機と再びの債務返済停止と事あるごとにビジネス関係構築の試みに冷水を浴びせかけるような出来事が一九九〇年代は続いた。

日本の対ソ連ビジネスは、三菱商事、三井物産等の大手商社の取扱額が大きかったが、伝統的に専門商社といわれるソ連あるいは社会主義諸国に特化した商社の役割もあった。前述のイスクラ産業（一九六〇年設立）をはじめ、大陸貿易（一九六五年設立）、日ソ貿易（一九七三年設立）、森川商事（一九七二年設立）などが有名である。また、地方に拠点をもち、いわゆる沿岸貿易に関わってきた専門商社もあった。大手商社にとっては、対ソ連ビジネスは、取扱い額全体からみれば割合が低く、一方、専門商社の対ソ連ビジネスは取扱い額が小さいものの、各社にとってソ連への依存度が高いだけに、日ソ間の経済関係が大きくその業績に反映し、日本の対ソ連ビジネスのアンテナあるいは先導者のような役目も果たしてきた。それだけに、ソ連の貿易代金の未払い問題を契機とするビジネス環境の度重なる悪化は著しく専門商社を中心とする企業の業績に悪影響を与えるとともに、日本国内の対ソ連ビジネスのイメージを大きく悪化させたのである。このように、ソ連解体後のロシアおよび旧ソ連諸国の混乱は、日本と旧ソ連諸国との経済関係に大きなダメージを与えた。

ソ連解体後の債務返済停止分は、公的債務はパリクラブ（政府関係債権者のグループ）、銀行債権はロンドンクラブ（銀行債権者のグループ）で処理されたほか、その他の貿易債権等の商業債権もロンドンクラブの処理同様に一九九六年に証券化された。大手商社の対ソ債務の窓口となった東京クラブを担当した元日商岩井の杉山和彦氏はソ連の対外債務六二七億ドルのうち、公的債務三七六億ドル、日本分は四〇億ドル、日本のロンドンクラブの債権は三〇〇〇億円とし、東京クラブ一四億ドル、中小専門商社短期債券一・六八億ドルとしている（『日ソ・日ロ経済交流史』、四九九～五〇〇ページ』）。

ロシアの債務不履行問題は一九九八年の金融経済危機でも日本企業に損失を与えた。当時の新聞を賑わせたのは、公的債権、銀行債権、貿易債権の損失よりも、日本の大企業が、ロシアの国債に連動した外国証券会社の外債を購入したことによる損失である。被害は一社あたり数億円から最大で一〇〇億円を上回った。一九九六年にソ連解体後の債務処理が完了し、ロシアのプラス成長の期待も高まり、格付け会社がロシアをＢＢマイナスという

日本の1990年代の対ロ輸出動向
ジェトロのデータに基づき作成

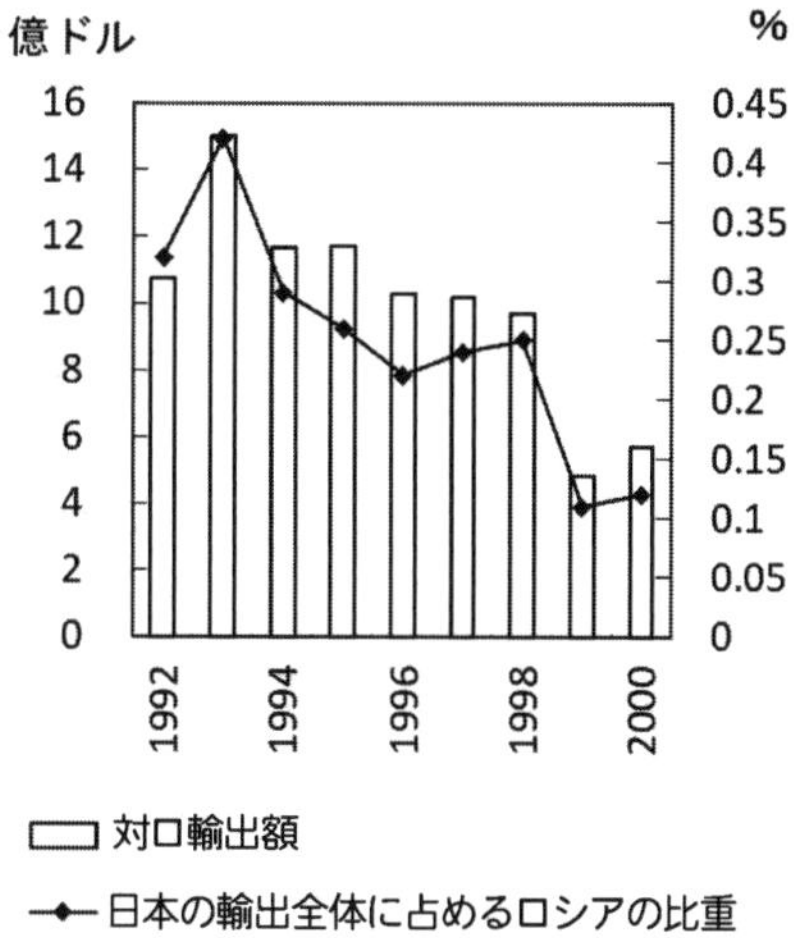

日本の1990年代の対ロ輸入動向
ジェトロのデータに基づき作成

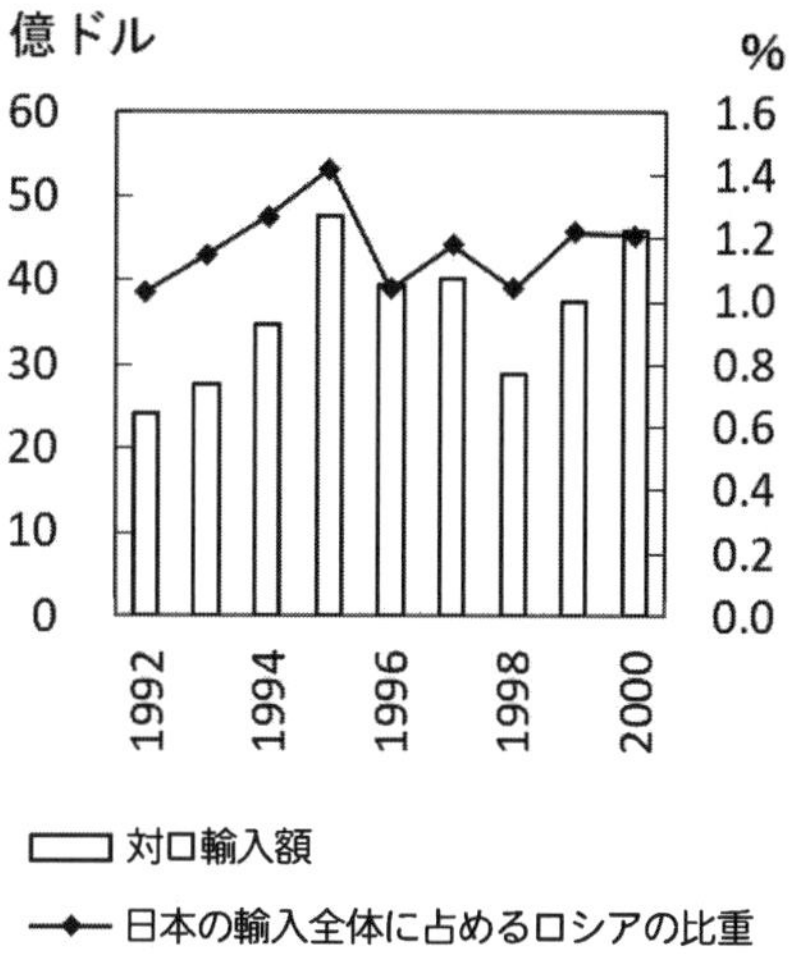

ように投資適格ではないものの、リスクを低めに設定したことが企業の目を惑わせた。

貿易債権の未払いに加えて合弁企業の乗っ取り問題も発生した。日本企業が投資して苦心惨憺して営業を軌道に乗せるようになると、相手方のロシア企業が場合によっては公的機関と結託して、法外な要求をする、あるいは当該企業の支配権あるいは財産を強引に取得するというもので、ハバロフスク地方での紀山商事の空港ターミナル合弁「キヤマアビア」を皮切りに、同じくハバロフスクの合弁レストラン「アムールトレーディング」（日本側出資者はメディアクラフト）、サハリン州の大陸貿易の合弁ホテル「サンタリゾートホテル」、サハリン州の北海道海外炭開発供給の合弁ホテル「サ

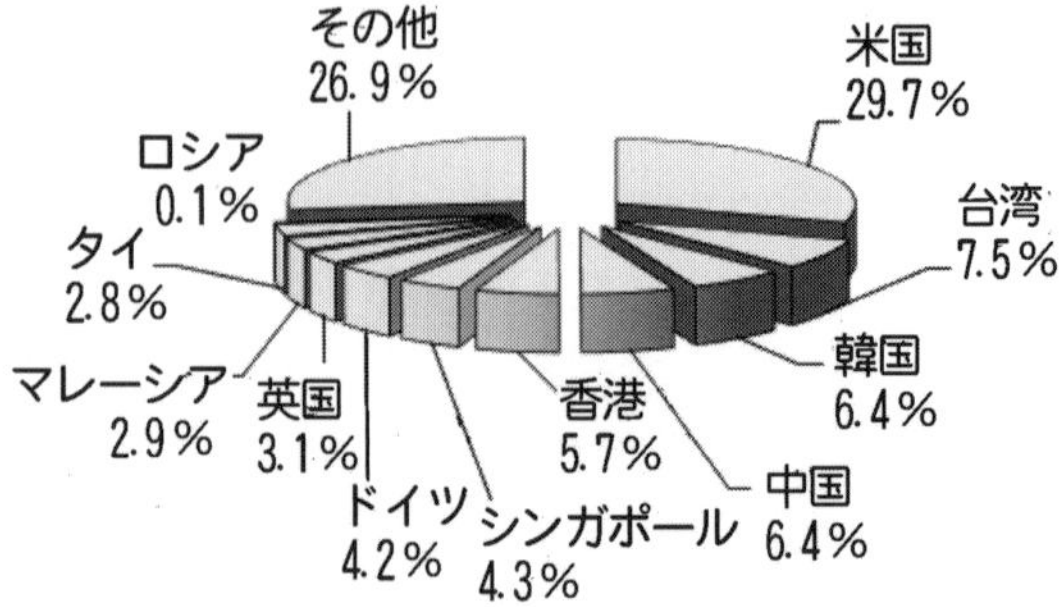

日本の主要輸出国とロシアの構成比（上位10カ国とロシア、2000 年）
ジェトロのデータに基づき作成

ハリンサッポロ」などいくつかの合弁が乗っ取りにあって裁判あるいは係争問題となった。日本の複数の大手水産会社もロシア極東で合弁企業を設立したが成功せず、ロシアとのビジネスは混乱が多く、失敗が多いというイメージができた。

日本とソ連およびロシアとの貿易は、ロシアの経済が市場経済への移行に伴う混乱状態のなかで需要が大幅に落ち込むとともに、日本企業は代金の未回収を恐れてロシアへの輸出に際しては慎重になり、輸出が大幅に落ち込んだ。回復するのは、一九九八年の金融経済危機後、二〇〇〇年代に入ってからである。

二〇〇〇年時点の日本とロシアの貿易動向をみると、輸出については、若干伸びたとはいえ依然

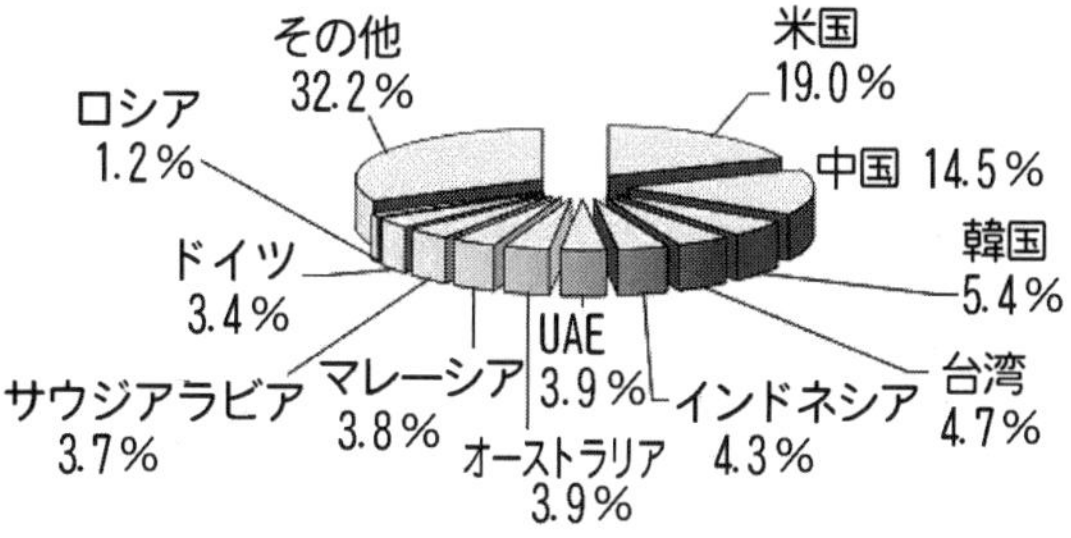

日本の主要輸入国とロシアの構成比（上位10カ国とロシア、2000年）
ジェトロのデータに基づき作成

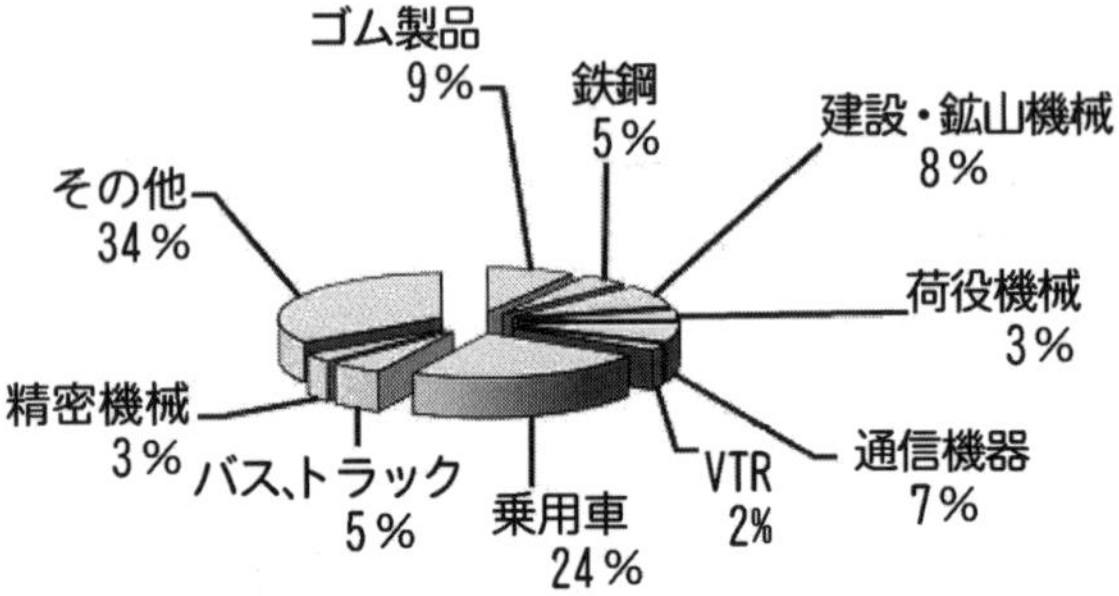

日本の対ロ輸出商品構成比（2000年）
『ロシア東欧貿易調査月報』（2002年 3 月号）をもとに作成

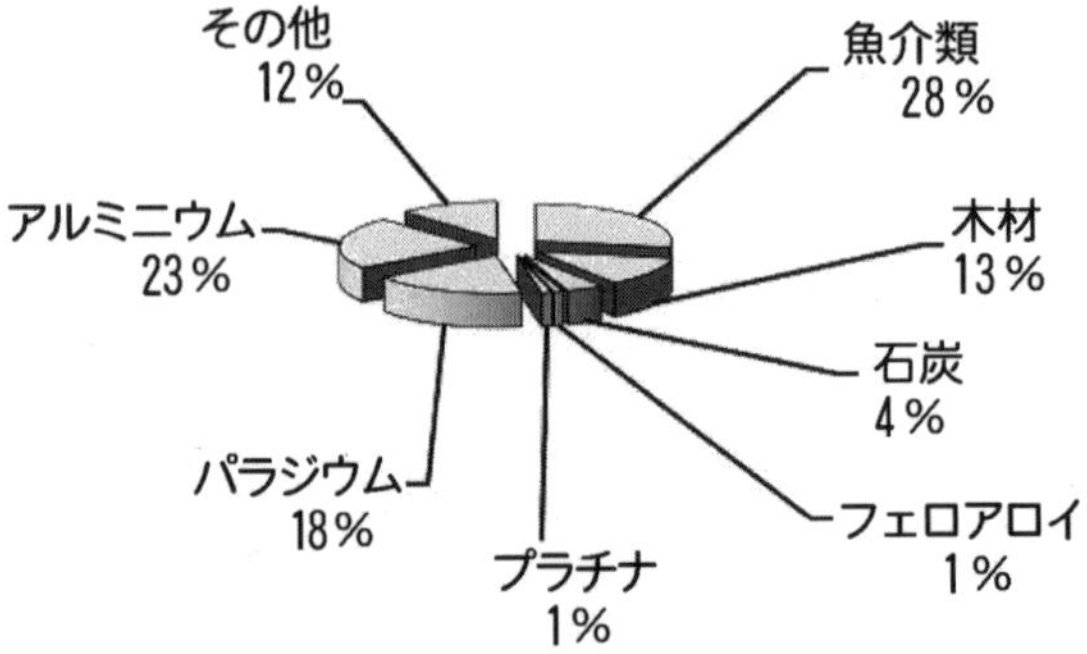

日本の対ロ輸入商品構成比（2000年）
『ロシア東欧貿易調査月報』（2002年 3 月号）をもとに作成

として一〇億ドルを大きく下回る水準に留まっている。日ロ貿易は四〇億ドルを越す過去最大の貿易赤字を記録した。この日本とロシアの貿易額は、日本の貿易に占める割合でみると、輸出はわずかに〇・一パーセント、輸入でみても一・二パーセントと非常に低い。ソ連時代に比べると日本の貿易に占めるロシアの存在は非常に低くなり、輸出に占めるロシアの割合は一九九〇年代を通じて下がり続けた。それに比べると輸入は、まだ安定していた。

日ロの貿易商品構成は輸出では輸送機械、すなわち乗用車やトラックなどの割合が大きくなってきた。輸入のほうは、木材や石炭、非鉄金属の割合は依然として大きいが、カニ等の魚介類の割合が非常に大きくなってきた（車、木材、かになどについては、項をあらため詳しく扱う）。

暴落した通貨ルーブル

一九九一年末にソ連が崩壊し、新生ロシアは経済を自由化し、通貨ルーブルは一気に下落し、ルーブルの価値のなさが明らかになった。すでにソ連時代末期に、二重レート制や国内で外貨の使用できる店が登場したことでルーブルの権威は下がっていた。筆者もソ連解体前の一九九一年の春にソ連に滞在したが、ピザハットでルーブルで食べられるメニューと外貨で食べられるメニューがあり、通貨で入り口が分かれるという奇妙な形態が登場した。筆者はルーブル側に並んだが長蛇の列である。外貨のほうがすいていて、食事の内容も多少豪華な感じもあったが、ルーブルのほうが格安であった。ホテルの食事も外国人にとっては何十円ぐらいの感じのときもあった。極東のハバロフスクでは六人ぐらいで、ホテルで豪華に飲んで食べても、一万円をはるかに下回る金額ということもあった。ホテル代が数百円換算ということもあったが、多少高いホテルになると、高額紙幣がなかったので、ホテル代の支払いに山積みの紙幣で支払ったこともある。外国人にとっては裕福になった気分であるが、インフレも進行したので、このような気分は一時的なものであった。二〇〇〇年代に入るとルーブルの価値が大幅に高まり、裕福とは言えなくなった。モスクワ在住の友人の日本人が、安いホテルでインスタントコーヒーを注文して、換算すると日本円で六百円以上の感じであったので、高過ぎるのではと忠告したら、日本円で半分ぐらい（つまり日本円のほうが価値がある）の感覚という答えが返ってきた。このような購買行動は、ルーブルが高く評価されすぎという感覚を反映したものである。二〇〇八年、二〇一四年にもルーブルは大幅に下落したが、九〇年代の下落に比べればかわいいものである。

ソ連の負の遺産

支払い遅延や、対外債務支払い停止という負の遺産を生んだソ連末期の政策は、消費財不足に対する消費財増産政策と経済の加速化戦略である。後者の意図はソ連の遅れた産業を近代化して、機械工業を振興するために工作機械など、機械設備を大量に輸入するというものであった。消費財増産の政策は、消費財そのものの輸入増とともに、消費財増産のための機械設備輸入を推進するものだった。

二〇〇七年頃、あるプラスチックの企業を訪問した際に、大量の旧式の旋盤が置いてある工場に遭遇した。この会社が買収した工場だが、旋盤はソ連末期に大量に購入したもので、使われないまま二〇年近くを経て、このプラスチック工場がこれらの旋盤を細々と使うことになったようである。別の例では、日本製のペットボトル工場設備がこの時期にソ連に輸出されたが設置されないまま、支払いは焦げ付き、対外債務問題となった。輸出した日本の会社は、これに懲りて、長らくロシアとのビジネスから遠ざかることとなった。このペットボトル工場の設備は、やはり二〇年近くを経て一部が活用されたとも聞く。ソ連末期に購入された大量の機械設備は対外債務問題を引き起こすとともに、活用されずに放置された。

(2) 一九九〇年代の対ロ支援

ソ連が解体し、新生ロシアが誕生、社会主義から資本主義に体制移行し、社会経済が大混乱に陥ったところで、世界的にロシアに対する大きな支援の動きが広がり、日本もロシアに支援を行った。平成一〇年(一九九八年)一一月に日本の外務省が発表した「我が国の対露支援」という文書に一九九〇年代のロシアへの支援の一覧が掲載されている。この文書の冒頭は「我が国の対露支援総額約六一億ドル(コミットメントベース)」、すなわち支援枠ベースとなっている。

新生ロシアはデフォルト（債務不履行）状態ではあったが、社会主義から資本主義への移行に向けた国際的な支援の動きのなかで、特別に融資あるいは貿易保険の枠が設けられた。内訳は、前述の文書では有償支援として「一二億ドルの輸銀融資、二九億ドルの貿易保険及び一五億ドルの輸銀アンタイドローン」、無償支援としては、「我が国のＮＩＳ諸国への支援を実施するために設立された国際機関である「支援委員会」による緊急人道支援や技術支援等、五億ドル弱」となっている。しかし、無償は実施額に近いものがなされたが、有償をみると、一九九三年四月発表の一一億ドルの貿易保険は未実施、一九九一年一〇月発表の一八億ドルの貿易保険引受枠のうち、一一億ドルは引き受け実施したが、七億ドルは、契約未発効となるなど、未実施となった部分も非常に大きい。輸銀（日本輸出入銀行）のアンタイドローン（目的が限定されない貸付）は世界銀行との協調融資だったが、一五億ドルのうち一九九八年の金融危機直前に八億ドルのみが実施されて終わった。ソ連からロシアへの体制転換による混乱もあり、ビジネス案件を前提にした支援は非常に困難を伴った。この文書に掲載された支援はソ連時代の一九九〇年から一九九八年までである。その後は、輸出入銀行が案件ごとに処理するようになった。

「支援委員会」は一九九三年に旧ソ連の十二か国と日本が設立した国際機関であるものの、日本の政府の管理下に置かれるという特異な組織であり、二〇〇二年に起きたいわゆる鈴木宗男氏の事件がこの支援委員会を舞台にしたこともあって、二〇〇三年に廃止された。会計検査院の平成一四年（二〇〇二年）一一月二〇日付けの「支援委員会等の国際機関等に対する拠出金及び分担金について」という改善意見の文書には「支援委員会に対しては本院の検査権限が及ばない」とあり、外務省に対して綿密な検査を実施したようである。この文書によると支援委員会には平成四年度（一九九二年度）から平成一三年度（二〇〇一年度）まで総額約五九五億円が支出された。うち、北方四島住民支援事業の配分額は、平成一三事業年度末現在で約一二二億円と多額に上り、拠出の二〇・五パーセントを占めている。特に、平成一〇、一一両年度（一九九七年、一九九八年度）の補正予算からの拠出金については、それぞれの支出額約一二〇億円及び五五億円のうち、約五三億円（四四・一パーセント）及び約三〇億円（五四・五パーセント）が支援事務局において北方四島住民に対する支援事業に配分されている状況であった。このように支援委員会においては北方領土への支出が非常に大きかった。

一九九〇年代の対ロ支援の効果として、一九九八年二月に新潟で開催された「新潟・北東アジア経済会議98」で当時の輸出入銀行副総裁の南原晃氏は、第一号の支援の融資が使われたトランスサイベリア通信網整備をあげている（環日本海経済研究所ERINA REPORT, 1998, April No.22）。少なくとも、ロシアの通信網整備には大きく貢献したわけである。

一九九〇年代の後半は、橋本首相（在職一九九六〜一九九八）、小渕首相（同一九九八〜二〇〇〇）、森首相（同二〇〇〇〜二〇〇一）とそれぞれの政権は短命ではあったが、二〇〇〇年までにロシアとの間に平和条約を締結するという一九九七年のクラスノヤルスク合意に至った橋本・エリツィン会談をベースに北方領土返還、日ロの平和条約締結に向けたムードが日本で大いに高まった時期であった。橋本首相時代の一九九七年には日ロの投資保護協定が調印され、二〇〇〇年に発効した。

鈴木宗男事件

いわゆる鈴木宗男事件とは、二〇〇二年に当時の田中真紀子外務大臣と鈴木宗男衆議院議院運営委員長の間で、外務次官の報告をめぐっての争いに端を発し、小泉首相によって田中大臣が更迭、鈴木氏も委員長を辞任し自民党を離党したことに始まった。その後、鈴木議員に北方領土での建設疑惑（いわゆるムネオハウス疑惑）その他、イスラエルの学会、アフリカのインフラ建設や緊急援助をめぐる様々な問題で疑惑が生じた。鈴木氏はいくつかの事件で有罪となり、懲役刑となった、また、鈴木氏のロシアでの活動をサポートしていた外務省職員の佐藤優氏、建設に関わった商社、エンジニアリング会社社員も事件に関わったとして起訴された。鈴木氏と佐藤氏は、この事件を国策捜査として批判し、鈴木氏と佐藤氏を排除するために行われたとみなしている。理由は、北方領土政策や対アラブ、イスラエル政策をめぐる政府、外務省内部の様々な路線の対立、米国の暗躍など様々な噂が飛び交うが、真実は闇のなかである。

コースチャの記憶

ソ連の末期、一九九〇年、新聞を賑わした人道ニュースが日ソ間であった。サハリン在住の当時三歳のコンスタンチン君（ロシア名の愛称であるコースチャと呼ばれた）が大やけどをして、北海道に移送されて一命をとりとめたというニュースであった。当時のサハリンは一九八九年に外国人の訪問が解禁されたばかりで、外国人の立入りが厳しく制限されていたところ、たまたま日本人ビジネスマンが滞在中で、その人物が北海道庁等との橋渡しをして政府、病院との連携ができたのである。マスコミで大きくとりあげられて、義援金も多く集められた。この事案が日本、特に北海道とロシアの医療協力が大きく進むきっかけを作った。このニュースはのちにＮＨＫのプロジェクトＸシリーズの番組として取り上げられた。約三〇年前の一九六一年には、ソ連のワクチンが多数の日本人の子供を救い、今度は日本の医療技術がロシア人の子供を救った。ちなみに、このコースチャ君、コンスタンチン・スコトプイシュヌイ氏は、二〇一五年現在、妻と子供の三人で生活し、運送業を営んでいるそうである。

（3）発展した一部の貿易と日本企業の役割

カニと中古車

一九九〇年代の日本とロシアの経済関係はソ連時代に比べて大きく縮小したようにみえ

るが、一部では発展した側面もある。福井県立大学のA・ベロフ教授は、その現象を「カニと中古車の交換」と表現している。しかし、残念ながら、データでその状況を追うことは困難である。違法あるいはグレーな取引が多いからである。カニの場合で言えば、ロシアからの不法輸出が多かった。不法輸出の証拠のひとつは、日本側の統計とロシア側の統計の誤差の大きさである。たとえば、日本とロシアや中国などの社会主義諸国との貿易業界誌の記者として活躍し、『日ソ貿易の歴史』（にんげん社、一九八三年）を書いた故喜入亮氏は一九九九年のデータとして、カニを含む魚介類のロシア側の輸出額が七千万ドル弱、日本側の輸入額は、十一億ドル強と二十倍弱のデータの違いを指摘している（『ロシア東欧調査月報』、二〇〇一年三月号、十五ページ）。

この日本の統計とロシアの統計の魚介類の取引額の差をベロフ教授は一九九四年から二〇〇二年までの累計として、五二一億ドルと試算している（サンクト・ペテルブルグ大学、Япония Экономика и Бизнес, 2017, c. 345）。二〇〇〇年代に入るとロシアの取り締まりが厳しくなり、また、国際状況も変化して、違法輸出は減少した。

中古車については、統計の捕捉に問題があった。当時はロシア人の運び屋が手荷物扱いで日本から輸入していたので、貿易統計には載らなかったのである。二〇〇五年から手荷物での輸出が禁止され、日本の中古車輸出が貿易統計で捕捉されるようになった。二〇〇五年に中古車輸出が大幅に伸びたようにみえるのは見かけ上のものである（76ページのグラフ参照）。

中古車輸出には盗難車や事故車の輸出などもあって、イメージが悪いものでもあった。日本で中古車輸出に関わる業者をみると、日本人は少なく、パキスタン人など南アジア人も多く、日本人のビジネスではなかった部分も大きく、うさんくさく見ている日本人が多かった。しかし、これらの取引はロシア、特に極東地方の経済に大きな貢献をした。

第三国を介した貿易の発展

これも貿易統計による捕捉は困難であるが、一九八〇年代後半から、円高を背景に日本企業の工場の海外進出が激増した結果、日本企業の名前を冠していても、日本製ではない製品がロシアに輸出された。また、日本企業のロシアとのビジネスも海外企業との連携のなかで実施することも多くなった。

そのなかで代表的なものは家電製品であった。ソ連時代は家電の需要自体は大きかったが、国内あるいは友好国の東欧での家電製品の生産は抑制され、政府は海外の家電製品の輸入を厳しく制限しており、欧米、日本はこの需要に応えることはあまりできなかった。ソ連解体後は、消費需要が拡大し、大都会であるモスクワを中心とするロシア西部が、その中心的な需要家となった。日本企業も家電製品をロシアに輸出するにあたって、日本国外で製造するものが多くなった。また欧州の日系法人がロシア向けの輸出を担当することも普通になってきたので、日本国内から輸出するケースも少なくなった。さらに、ロシアでは中東のドバイ等の第三国経由の日本製消費財輸入も多いといわれた。一九九六年の日本銘柄の家電製品は前年の一・五倍の販売実績が見込まれるとの記事（『ロシア東欧調査月報』、一九九六年九月号、六三ページ）に見られるように、日本ブランド家電のロシアでの販売が非常に好調であったのは事実のようである。小型家電であれば、かつぎ屋による持ち込みが簡単なので、貿易統計に計上されない。一九九〇年代の日本の対ロ輸出額は五億ドル近くまで落ち込んだが、日本の家電を中心とする企業は数十億ドルをロシアに輸出しているとの話もあった。

また、公式統計に捕捉されない所得の増大とソ連時代の消費物不足の反動があって、家電等の消費物資の需要増が生じ、それが日本の家電輸出を後押しした。したがって、日本からの輸出が大きく減少したようにみえるが、カニ、中古車貿易、第三国経由の貿易の増加などを考慮すると、日ロの経済関係が単純に縮小したとは言えない。

バブル期の日本企業が果たした役割

ソ連解体前後は日本ではバブル経済のまっただなかだったが、この時期の日本企業が果たした役割について見ておこう。

一九九九年にソ連で合弁事業等のビジネス展開を行ってきた二つの日本の会社が経営破綻した。新潟中央銀行と紀山商事である。紀山商事はハバロフスク、新潟中央銀行はウラジオストクの空港の改修工事に関わり、対ロシアビジネス、特にロシア極東のビジネスに関与した。新潟中央銀行の元頭取で対ソ連・ロシアビジネスを主導してきた大森龍太郎氏は、二〇〇一年に特別背任で逮捕、刑が確定、収監中に病死した。紀山商事の経営陣も詐欺で刑事訴追された。刑事訴追事件あるいは経営破綻の要因となったのは、直接ソ連、ロシアの事業ではないが、ロシアビジネスにも深く関与し、ロシア側とのトラブルもあってロシアビジネスへのイメージが悪くなった。

具体的にソ連、ロシアでの事業展開は行わなかったが、東邦生命社長であった太田清蔵氏（襲名した名前なので六代目）が提唱する「太田構想」が、ソ連時代の末期から日本のマスコミで喧伝された。この構想は、国連が一時期喧伝した豆満江開発、大ウラジオストク開発構想に繋がるような雄大な構想であった。ウラジオストクを中心に沿海州南部から中国と北朝鮮国境地域を含む大開発構想である。東邦生命は会社自体が破綻の憂き目に会い、太田社長も民事で訴追されることとなった（東邦生命は、ＡＩＧエジソン生命、ジブラルタル生命などに継承）。

晩節を汚すこととなったこうした人物の行動はソ連およびロシアへのビジネスチャンス拡大という観点からすると、空港建設にも貢献するなどプラスの側面もあった。太田氏のような超有名企業トップの発言は、環日本海圏構想（日本海周辺の国々の経済交流を盛んにして発展をはかるという構想）などを日本の経済界に行き渡らせ、ソ連、ロシアへの関心を促すことにはなった。

オウム真理教とロシア

オウム真理教を本書で扱うのは突拍子もないことと感じる方も多いと思うが、一九九〇年代のロシアの雰囲気を表す事象としてとりあげる。オウム真理教は過激な宗教団体で、猛毒ガスのサリンを使って、一九九五年三月に東京の地下鉄で大量殺人を企てた。筆者の勤め先が、事件の場のひとつとなった日比谷線の地下鉄茅場町近辺にあり、事件の日の出勤前にテレビでその事件を知ったのだが、出社したら、駅の出口付近に、大量の電話機が置かれていたことを記憶する。近くの病院にも、被害者が搬送されたと聞いた。

ある旅行会社は、オウム真理教の麻原代表がロシアでラーメン屋出店を目論んでいたので、ラーメン製造設備の輸出準備をすすめていた。また、オウム真理教はロシアで軍事演習に参加し、武装闘争の準備も行い、ロシアの放送設備を使って、宣伝放送まで行っていた。当時のロシアは、金さえあれば何でも可能であったことの一例である。当時の成田－モスクワ便には、白づくめの多数の信者が搭乗していたのを見たという知人もいた。

筆者の勤める団体でも、ロシアとの経済関係の資料閲覧のために信者が来社し、後輩が応対したことがある。

（4）ロシアへの直接投資

合弁初期の特徴

ソ連末期から新生ロシア初期の一九九〇年代には日本の対ソ連・ロシア直接投資はブームの様相も呈したが、世界全体への投資のなかでみれば、非常に低いレベルにあった。ソ連末期、新生ロシア初期で最も投資額の多かった一九九一年でさえ日本の対外直接投資全体の〇・一パーセントに過ぎない（数字は財務省の旧統計に基づくものであるが、財務省のホームページには掲載されなくなった）。平成一一年（一九九九年）では、わずかに〇・〇一パーセントと限りなくゼロに近い。ちなみに、旧ソ連・東欧諸国のなかでの投資額の多いハンガリーを見ると、一九九一年では日本の対外直接投資全体の〇・四パーセントを占め、この時期、ほぼコンスタントに毎年数十億円、ときには百億円単位の投資を記録している。ハンガリーの人口はロシアの十分の一以下だが、それでもこれだけの直接投資が日本からでている。この時期、ロシアへの投資額を調べると米国が突出して大きな割合を占めているが、ほかはどんぐりの背比べで、国別で比較する意味はあまりないのが実態である。ＥＢＲＤ（欧州復興開発銀行）のデータに基づいて人口一人当たりの直接投資額を東欧諸国と比較したグラフを掲載しておく。

次ページのグラフは、日本の旧大蔵省、財務省の統計をベースに一九九九年までの対ソ連・ロシアへの投資推移を件数、金額で示している。ソ連末期に急増し、ソ連解体後に急減している。新生ロシア誕生の年の一九九二年は、金額は減少したが、件数は増えているので、小規模の投資が増えたようである。当初は新生ロシアへの

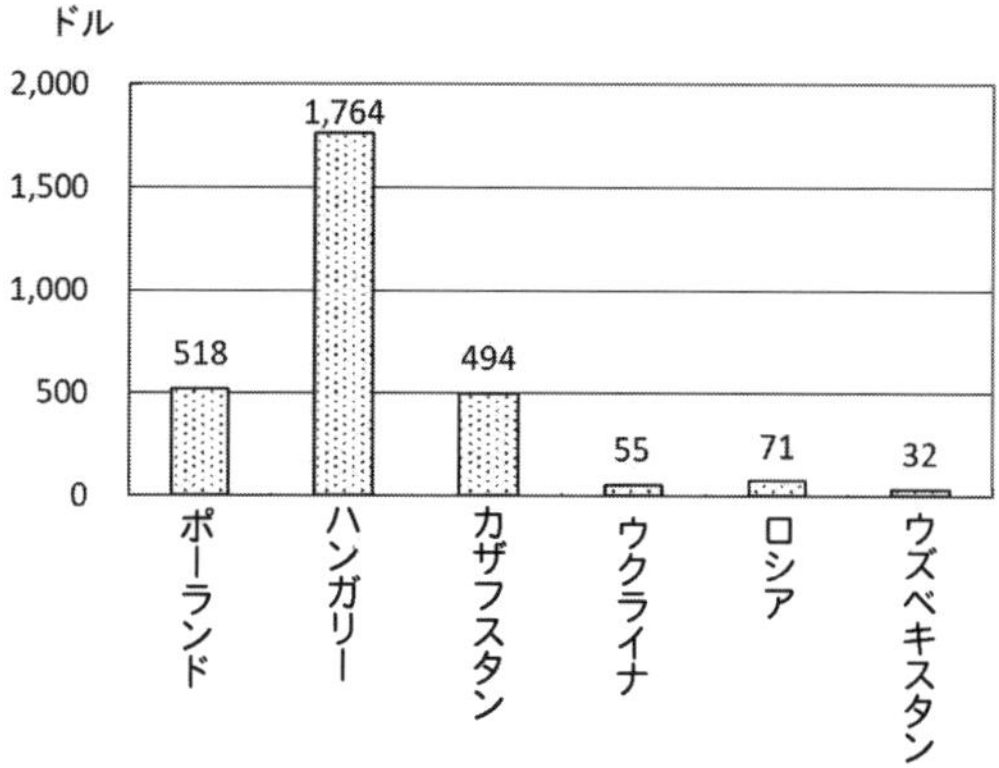

主要旧ソ連東欧諸国への１人あたり直接投資額比較（1989～1999年累計）：EBRD: "Transition Report 2000"をもとに作成

期待が非常に大きかった。

データをみると、一九八九〜一九九二年の四年間に投資件数が増加しており、ソ連が解体しロシアとなった一九九二年にも設立ラッシュの傾向が続いたが、その後は衰退し、対外債務処理がまとまり、ロシア経済への期待が高まった一九九六年に再び若干増加する傾向をみせる。しかし、一九九八年の金融経済危機以降は、再び低迷の状況が続いた。

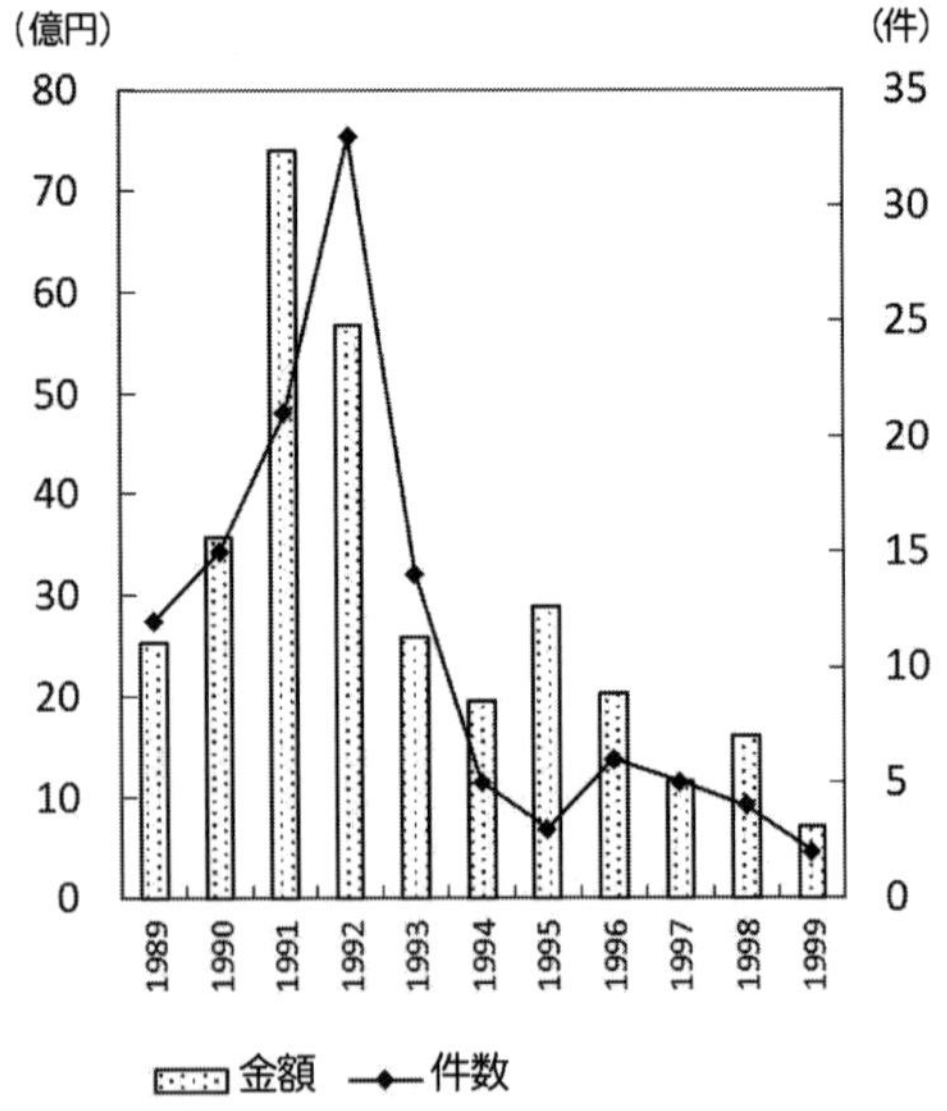

日本の対ソ連・ロシア直接投資推移（1980〜1990年代）
財務省のホームページ（その後、新統計となって不掲載）をもとに作成

この傾向からみると、一九八〇年代末以降の日本の急速な円高を背景とした対外投資ブームが追い風になり、ソ連の合弁法制定からソ連解体直前までの合弁ブームを後押しした。初期の日本からロシアへの直接投資の金額、件数は日本の経済規模からすると非常に小さいものであったが、意義は小さいわけではない。

ソ連時代、合弁法が制定された一九八七年に日本の中堅商社の大陸貿易が出資したイギルマ大陸が設立された。法律制定から五番以内と早かった（第一号との見方もある）。これがその後のロシア極東への日本企業の投資増の引き金となった。このイギルマ大陸は木材加工の製造企業であり、この時期にソ連に設立された多くの合弁企業が様子見のペーパーカンパニーに近いものであったことに比べると、その進取性が際立つ。同社は地元の雇用、所得向上、さらにインフラ整備にも貢献し、一九九〇年代の経済混乱時においても、地方、しかも相当な田舎（イルクーツク州の州都のイルクーツク市から約千キロ、車で十時間以上）でもあるにも関わらず、賃金未払いもなく、地元の社会経済の安定に寄与した。イギルマ大陸はその後、完全ロシア資本となり名称も代わったが、その後も大陸貿易社員が常駐し、二〇一八年には工場設立三〇年を祝った。外資による製造業としての先駆的役割を果たすとともに、その後のロシアの木材加工のモデル企業となった。

また、サハリンの石油・ガス開発プロジェクト「サハリン1」および「サハリン2」に日本企業が出資しているが、この二つは、いわゆる生産物分与契約（PSA、このケースでは外資が開発をしやすくするように、後の法改正、財務上の不利益等の外資のリスクを大幅に減らした契約）に基づいており（サハリン2が一九九四年、サハリン1が一九九五年）、ロシアで外資が入った資源生産そして輸出に結び付いた数少ない事例である。いずれもロシアの外資導入の歴史において非常に先駆的な役回りを日本企業が担った。特にサハリンの案件は、投資規模も総額ではそれぞれ一〇〇億ドルを上回る巨額の投資となった。サハリン2のプロジェクトが二〇一八年末までロシアの国庫に収めた額は二五〇億ドル以上（数字はプロジェクト会社のサハリンエナジー社のホームページによる）である。なお、当初は外資のみの出資（当初はオペレーターのロイヤル・ダッチ・シェル社が五五パーセント、残りを三井物産と三菱商事）であったサハリン2プロジェクトは、二〇〇六年頃から環境問題等もからみ、許認可をめぐってロシア政府と係争が生じ、事業に遅れがでた。二〇〇七年にロシア企業のガスプロムが五〇パーセントプラス一株を七四・五億ドルで取得し、ロシア側が出資の多数を占めることとなった。この事案に対しては、ロシア側の強引さ、圧力との見方がある。しかし、ガスプロムの取得額は、ほぼ適正な額との分析もあり、また、通常はオペレーターの出資は三〇パーセント程度なのに、ロイヤル・ダッチ・シェル社のように五〇パーセントを超えるのは過大であった（本村眞澄氏、石油天然ガス・金属鉱物資源機構『石油・天然ガスレビュー』、二〇〇七・一、1 Vol. 41, No.1での指摘）との見方もあり、係争問題とガスプロムの参画問題の連動性がどの程度であったのかは見極めるのが難しい。なお、サハリン1は、時期は不明であるが、オペレーターのエクソン・ネフテ・ガス社（エクソンの子会社）のホームページによると、国庫予算への納入額は三八億ドル、そのうちサハリン州政府には一八億ドルとなっている。

分野は異なるが食品会社として著名な味の素もロシアのバイオ関連研究所と合弁企業を金融危機直後の一九九八年末に設立し、二〇〇三年には完全子会社化して、開発に実を上げている。同社は二〇一一年に、日系企業でははじめて権威あるロシア科学技術政府賞を受賞しており、科学技術の高さを誇っている。このように、これらの合弁、日系の外資企業は、ソ連末期から新生ロシアの初期のロシアの経済において一定の役割を果たしたと考えてよいだろう。

ところで、日本企業が参画するサハリンプロジェクト２の投資は、事業の主体がバミューダ法人のサハリンエナジー社であり、このバミューダ法人に日本からは三井物産、三菱商事が出資している。この案件は、日本からはバミューダへの投資、ロシアからみるとバミューダからの投資となる。さらに、日本たばこ産業（ＪＴ）が米国のＲＪＲナビス

総額	342,943	100%
1.キプロス	86,424	25.2%
2.オランダ	32,369	9.4%
3.バハマ諸島	21,522	6.3%
4.バミューダ諸島	14,055	4.1%
5.ドイツ	13,376	3.9%
6.英領バージン諸島	10,705	3.1%
7.フランス	9,910	2.9%
8.スイス	8,470	2.5%
9.アイルランド	8,248	2.4%
10.ルクセンブルク	7,939	2.3%
11.フィンランド	6,702	2.0%
12.英国	6,128	1.8%
13.オーストリア	4,745	1.4%
14.スウェーデン	2,555	0.7%
15.中国	1,683	0.5%
16.日本	1,319	0.4%
17.米国	1,316	0.4%
18.韓国	1,289	0.4%
その他	104,188	30.4%

ロシアへの国別直接投資残高（2015年末現在、100万ドル）
『ロシアNIS調査月報』（2016年9-10月号、32ページ）

コを買収したことにより、サンクト・ペテルブルグでのたばこ工場が日本たばこ産業（JT）の系列となったが、これも欧州のJTの現地法人からの投資となるようである。同じような例は、旭硝子（二〇一八年にAGCと社名変更）のケースである。旭硝子の子会社のベルギー法人であるグラバーベル社は一九九七年に、ロシアの自動車ガラスメーカーのボーグラス社を買収し、その後も別のガラス工場をロシアに設立している。このように、日本からロシアへの直接投資としてはカウントされなくても、日系企業の投資ということであれば、ロシアへの投資規模は一気に大きなものとなる。日本からのロシアへの投資は少ないと言われることが多いが、単純すぎる見方である。

そもそも、ロシア国内への外国からの直接投資の統計には問題や課題が多い。ロシアの直接投資の統計をみると、ロシアへの直接投資を行う国としては、キプロスやバージン諸島などが多く不可思議な状況にある。これは、ひとつにはロシア資本が海外逃避し、その資本がロシア国内への外資として扱われている現状を示している。また、完全な外資であっても、いったん税制や制度が有利な第三国で会社をつくり、そこから投資を行うケースも多い。二〇一五年末の残高でみると（『ロシアNIS調査月報』、二〇一六年九・一〇月号、三二ページ）、全体の四分の一をキプロスが占めている。他に、バハマ諸島、バミューダ諸島、英領バージン諸島というマイナーな地域を加えると四割近くになる。前述のように、サハリン2のケースも主体となる会社はバミューダ法人である。68ページの直接投資の統計では日本は十六位になっているが、もう少し順位は高いとみてよいだろう。筆者の知るケースでも日本とロシアの法人が香港に投資した企業がロシアに投資をして事業を行っていたり、日本の米国法人の子会社、つまり孫会社がロシアで事業を大きく展開したケースなどがあり、純然たる日本からの投資かどうかは大きな問題ではない。

貿易の急増と日本企業の本格的工場建設

二〇〇〇年以降の日ロ貿易はロシアの経済回復とともに、日本の輸出を中心に大きく拡大した。とりわけ日本からの自動車輸出が急増し、二〇〇八年には日本のロシア輸出の四分の三を自動車（新車、中古車、トラックを含む）が占めるに至った。このような自動車輸出の増加を背景に、二〇〇五年にトヨタ自動車がサンクト・ペテルブルグに工場建設を発表し、二〇〇七年十二月に生産を開始した。トヨタに続いて日産、三菱自動車工業、コマツ、日立建機、いすゞ、横浜ゴムなどの有力自動車・建機製造会社が工場を設立した。また、ティラド、大同メタル、タカタ等の自動車部品メーカーも進出し製造を始めるなど日ロ経済は本格的な工場進出の時代を迎えた。二〇〇八年の貿易額は二九九億ドルに達し、うち輸出は一六四億ドルで、二〇〇〇年代の日本の輸出額のピークとなった。二〇〇八年の対ロシア輸出額は日本の輸出全体の二・一パーセントで、国別ランキングでは十一位にまでなった。（直接投資の金額、件数、企業名については巻末資料参照。）

直接投資については、かねてより日ロ両国政府による基金の設立の話が何度となくでては立ち消えになっていた。そして、第二次安倍政権の二〇一七年に国際協力銀行（ＪＢＩＣ）の子会社であり創設されたばかりのJBIC IG Partners（ＪＢＩＣＩＧ）とロシアの国家ファンドであるロシア直接投資基金による日露直接投資基金が設立された。投資規模は総額で最大一〇億ドル、投資実績はＪＢＩＣＩＧのホームページ等に詳しいが、石油パイプライン、医薬、自動車、銀行等への投資活動を行っている。

経済特区の状況

直接投資というと、中国などのように、経済特区を設け、そこに集中的に投資を誘致するという政策がとられるが、ソ連、ロシアも同様な政策をとった。ソ連末期のゴルバチョフ書記長の政策による特区には日本企業を含め百社以上が登記したともいわれたナホトカの経済特区があり、ロシアになってからも全土で、特区と称する場所は多くつくられたが、制度的に不透明で、カリーニングラード州など一部地域以外の優遇は認められなかった。

しかし、ロシアでは二〇〇五年から本格的な経済特区制度が整備、拡充され、日本企業も工場を建設した（リペックに進出した横浜ゴムやドゥブナに進出したアークレイ等）。日系企業は工業団地のような地方レベルの優遇地域での工場建設が多い。連邦レベルでの大きな優遇も魅力ではあるが、制度的な面倒さもあるようである。

ロシアの極東全体も、ソ連時代末期、ゴルバチョフ時代に優遇を受けてブームを引き起こしたが、一過性のものであった。それから三十年近くたった二〇一五年、先行社会経済発展地域とウラジオストク自由港という新型の経済特区が極東を対象に認められ、日本企業も進出した。もっとも、優遇、とくに連邦レベルの優遇はロシアの場合、手続きが面倒で、複雑になることもある。

(5) 二〇〇〇年以降の経済トピック

木材輸入の変遷

これまでみてきたように、木材はソ連およびロシアを通じて、日本の重要な輸入産品であったが、時を経て、その取引内容に変化が生じるとともに、いくつかのメルクマールとなる出来事があった。当初の日本の木材輸入は原木、丸太であった。そして、その原木を輸入するだけではなく、日ソ間のシベリアでの森林開発プロジェクトとして、日本からの資機材の輸出と合わせて原木の輸入がなされることとなった。そのため、ソ連のシベリア、極東の森林資源開発は日本の機械設備が使われることも多く、その機械設備の輸出には日本の公的融資が使われた。

木材業界のメルクマールとなる出来事は、一九八七年にソ連がいわゆる合弁法を制定し、外国資本の国内への導入を認める決定をしたのち、即、その年に日本の中堅商社の大陸貿易が製材部門でイルクーツク州に合弁会社「イギルマ大陸」を設立したことである。その後、極東およびバイカル地方（イルクーツク州およびブリャート共和国）に日本企業がいくつか製材の合弁企業を設立した。

次の木材業界の大きな出来事は、二〇〇七年にロシアが原木の輸出関税を大幅に引き上げたことである。この措置により、日本のロシアからの丸太の輸入は激減した。一方で、合弁会社のものを含め、ロシアからの製材の輸入が増えてきた。

日本のロシアからの丸太の輸入減

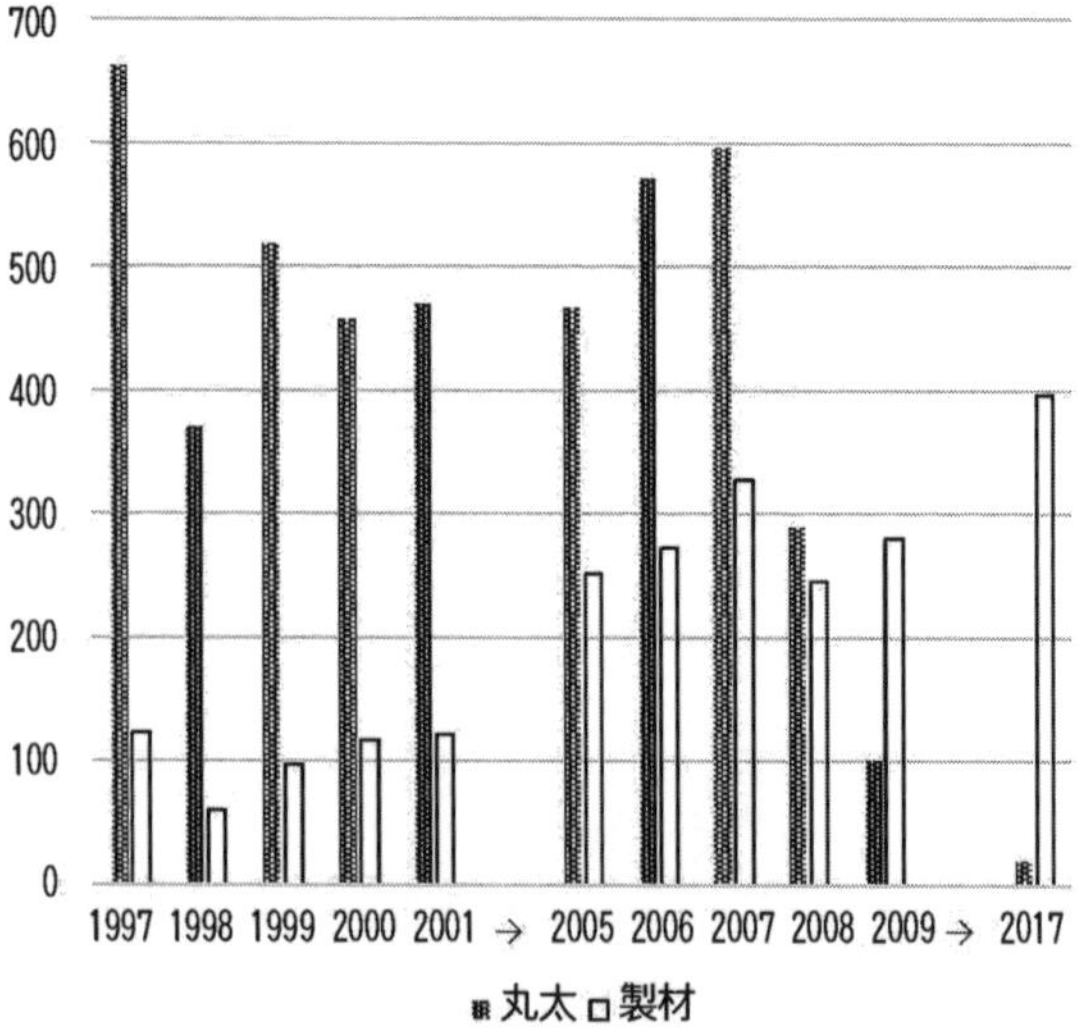

ロシアからの木材の輸入額推移（100万ドル）

財務省の貿易統計に基づき作成（年は連続してない）

は、中国の存在が大きくなってきたことも原因である。中ソ関係の対立状況から中ロ関係が正常化し、貿易が増えるとともに、木材が枯渇している中国は、国内での伐採を禁止し大量にロシアから丸太を輸入し始め、ロシアの丸太の価格が高騰し、日本の業者は丸太をロシアから買いにくくなった。喜入亮氏によると一九九九年には中国のロシアからの輸入量は四〇〇万立方メートルに達した（『ロシア東欧調査月報』、二〇〇一年三月号、一五ページ）。日本は一九九〇年代後半から二〇〇〇年代前半は四〇〇万～六〇〇〇万立方メートルの輸入量であったので、日中はほぼ同じぐらいの輸入量となった。その後、日本のロシアからの原木の輸入量は大きく減少し、一方、ロシア材を中国で加工したものを中国経由で輸入することも多くなった。

カニと中古車貿易の意味と変化

カニと中古車は一九九〇年代は悪いイメージがつきまとう取引であったが、ロシアの個人、企業ともにこの取引で得た外貨が、その後、ロシア極東の発展に貢献したことは疑い無い。筆者の個人的経験によるものだが、二〇〇〇年代に遭遇した極東の経営者で、過去、船員であったというケースがいくつもあった。ある会社の経営者の社長室には海の絵が飾られていた。北方領土周辺、南クリル諸島近海の絵であったが、自身が船員で漁業に従事していたことを示唆していた。小川和男氏は、常々、カニと中古車貿易で得た資金がロシアの極東の経済的基盤をつくる本源的蓄積になったと言っていた。また、車という輸送手段を安価かつ大量に極東に輸入したことが、極東の経済、物流や商売の発展に大きく貢献したといえるであろう。

ロシア極東地域の自動車保有率は、二〇一〇年現在で、カムチャツカ地方が千人あたり

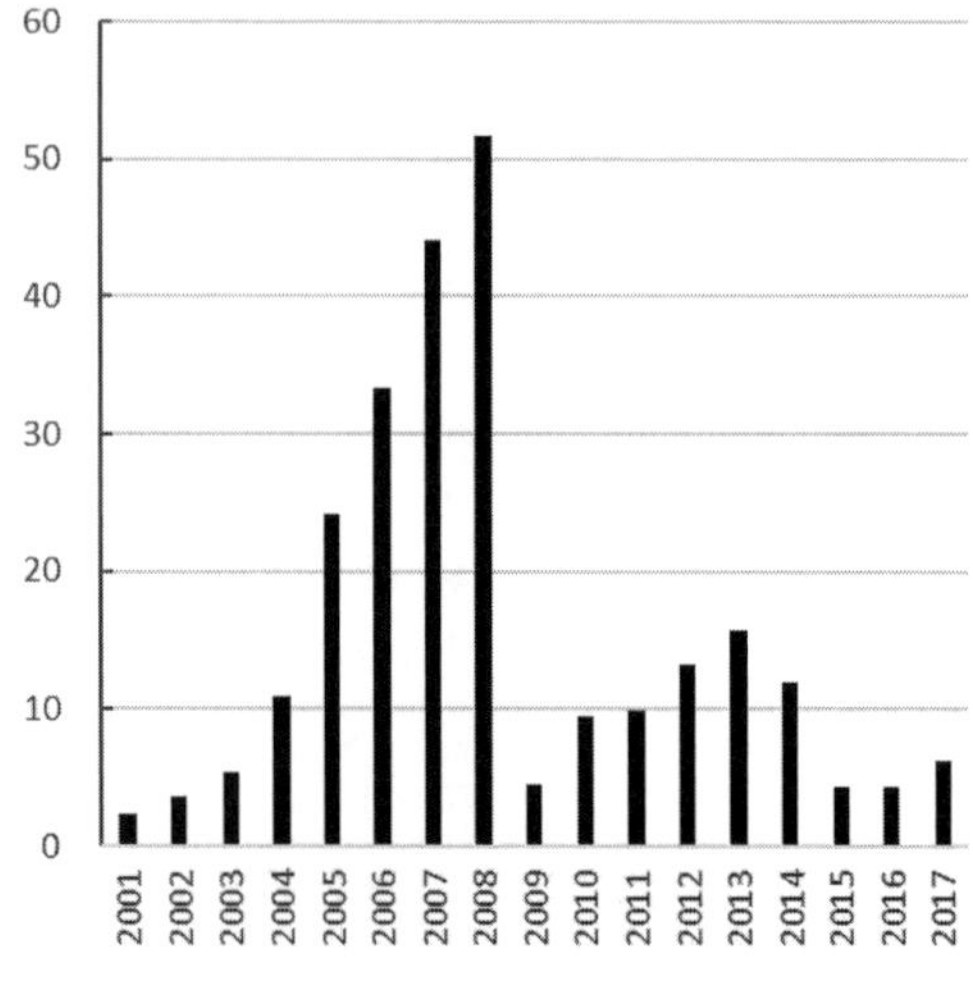

日本の対ロ中古車輸出量推移（万台）

財務省統計に基づき作成（2005年から手荷物輸出が認められなくなり輸出台数が見かけ上、大幅に増加）

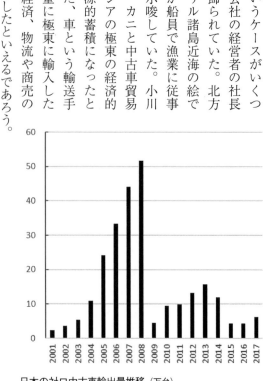

三〇七台と、ロシアの地方別で第一位、第二位がウラジオストクのある沿海地方の三〇四台、この二地域だけがロシアで三〇〇台を超えている。サハリン州は第四位で二九一台である（データはロシア統計局のHPのデータベースによる）。なお、ソ連末期の一九九〇年時点では、それぞれの地域とも十位以下である。ちなみに第三位がモスクワ州で、首都モスクワ市は七位である。極東の自動車保有率の高さは日本の中古車輸出が貢献したことは疑いない。

　カニなどの水産資源の日本の輸入は、二〇〇〇年代に入って、ロシアが中国や韓国など第三国

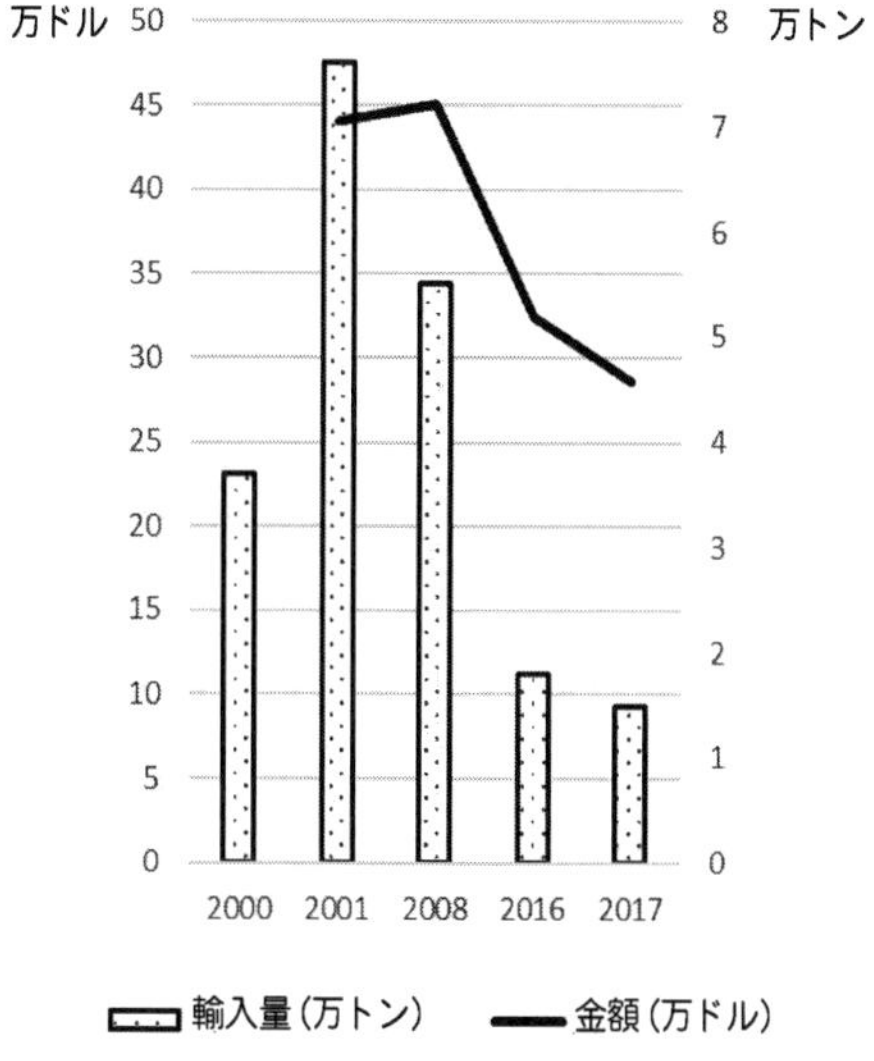

日本のロシアからのカニの輸入高推移
財務省の貿易統計に基づき作成（年は連続してない）

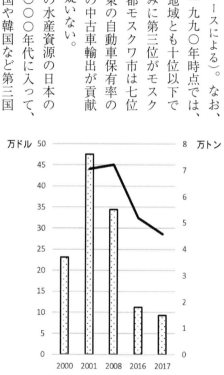

との取引を増大させて、日本は価格が高騰したこともあり、輸入量の減少に見舞われた。水産資源については、北朝鮮、台湾も含めた東アジア各国の争奪戦という状況が生じて来ている。グラフをみてわかるように、輸入量の減少に比べて輸入額の減少幅は小さく、カニの値段が上がっていることがわかる。

主役に躍り出たエネルギー資源

日本のロシアからの天然ガスの輸入は、一九七〇年代のプロジェクトとして「サハリン大陸棚石油・ガス探鉱開発協力」や「ヤクート天然ガス探鉱開発協力」の二つが企画され、後者は契約したものの実行されず中止、前者は探鉱事業は行われたが、生産段階の事業化には至らなかった。しかし、ロシアになってから「サハリン大陸棚石油・ガス探鉱開発協力」で確認された鉱床はサハリン1プロジェクトに結実し、ロシアが単独で探鉱した鉱床はサハリン2という形でプロジェクト化された。

二〇〇〇年代に入り、日本のロシアからの輸入品目構成が激変し、原油および天然ガスの割合が飛躍的に高まった。原油の輸入は、日本企業が参加する二つのサハリンプロジェクトに加えて、東シベリアでの原油開発によるものである。天然ガスは、サハリンからＬＮＧとして二〇〇九年以降日本に入ってきたが、極北のヤマル半島のＬＮＧプラントが二〇一八年に稼働開始して、このＬＮＧも日本に入ってきた。二〇一八年の原油と天然ガスの日本のロシアからの輸入に占めるシェアは四六パーセントであるが、二〇一〇年をみると、原油の割合は四五パーセント、ＬＮＧは一六・四パーセントで、合計で六六・四パーセントに達している。

	第一位	第二位	第三位	第四位	第五位	第六位
2018	サウジ	UAE	カタール	クウェート	**ロシア(5%)**	イラン
2017	サウジ	UAE	カタール	クウェート	**ロシア(6%)**	イラン
2016	サウジ	UAE	カタール	クウェート	イラン	**ロシア(6%)**
2015	サウジ	UAE	**ロシア(9%)**	カタール	クウェート	イラン
2014	サウジ	UAE	カタール	**ロシア(8%)**	クウェート	イラン
2013	サウジ	UAE	カタール	クウェート	**ロシア(7%)**	イラン
2012	サウジ	UAE	カタール	クウェート	イラン	**ロシア(5%)**
2011	サウジ	UAE	カタール	イラン	クウェート	**ロシア(4%)**
2010	サウジ	UAE	カタール	イラン	クウェート	**ロシア(7%)**
2009	サウジ	UAE	カタール	イラン	クウェート	**ロシア(4%)**
2008	サウジ	UAE	イラン	カタール	クウェート	**ロシア(3%)**
2007	サウジ	UAE	イラン	カタール	クウェート	**ロシア(3%)**
2006	サウジ	UAE	イラン	カタール	クウェート	スーダン

日本の国別原油輸入額推移：原田大輔「ロシア：石油ガス産業を巡る最近のトピックス（短報）」

石油天然ガス・金属鉱物資源機構（JOGMEC）、3月19日より（カッコ内はロシアの構成比パーセント）

同年の燃料用の一般炭の割合は四・六パーセントで、エネルギー資源は七一パーセントにも達していた。ヤマル半島の対岸のギダン半島でも日本も関与する可能性もあるLNG計画が進められており、極北の地でエネルギーをめぐる日ロの熱い交渉が進む。

原油の輸入はソ連時代からあり、一九五六年の国交回復後に最初の日ソ貿易協定を締結して以降、日本政府の要請で出光がソ連から輸入し、二〇年近く継続した。それが一九七〇年代に終了した後、原油の輸入はわずかなものにとどまっていたが、サハリンでの日本の石油ガス開発に伴い、サハリンからの原油の輸入、さらにロシアの東シベリア太平洋パイプラインの完成（二〇〇九年）によって、東シベリアの原油が日本に輸出されるとともに、日本がロシアから輸入する原油量が大きく伸びた。前ページの表にあるように、二〇一五年には日本の原油輸入ではロシアが第三位の位置を占めた。しかし、それ以降は中国のロシア原油輸入拡大もあって、伸びていない。

サハリンの天然ガスプロジェクトについていてみると、いくつかの重要なメルクマールがある。ひとつは、ロシアが天然ガスをLNGに加工するのが初めてであること、また、パイプライン以外での輸出は、ロシアにとって初めてだということである。

リーマンショック後の変化

二〇〇八年のリーマンショックによる世界的な金融経済危機の発生は、日本の対ロシア輸出および投資意欲に打撃を与えた。ロシアからの輸入はエネルギー資源の輸入が増えたので、その後も増えたが、輸出は二〇〇八年をピークに、それを上回ることがない状態が続いている。

日ロの貿易は、リーマンショック後、ロシア経済が回復基調となるとともに、増加の兆しもみせた。しかしながら、二〇一四年に状況は一変する。二〇一四年にソチで冬季オリンピックが開催されたが、ウクライナで政治危機が発生し、ロシアのクリミア併合という事態にまで発展した。日本を含む欧米諸国の制裁がロシアに対して実施されたことにより、欧米との経済関係は冷え込み、ルーブル安、原油価格の下落という経済的なダメージも生じた。日本は欧米に比較すると、ロシアに対する経済制裁は軽微である。ロシアからの逆制裁として、欧米に対してとられた食品の禁輸措置は、日本に対してはとられなかった。

リーマンショック、制裁と大きな荒波をロシア経済は受けており、日本企業の対ロシアビジネスも厳しい状況が続いている。しかし、自動車、建機、タイヤ製造会社等の大手製造企業のロシア進出も目立つようになり、リーマンショック後でもユニクロ（ファーストリテイリング社）、丸亀製麺（トリドール社）のロシア進出に見られるように、ロシアが日本の大手企業のビジネス対象国として普通の市場になりつつあるということであろう。

極東のウラジオストクで二〇一二年に日本企業（トヨタ自動車、マツダ）の自動車組立が開始された。トヨタ自動車はウラジオストクでの組み立てを止めたが、マツダは生産を継続し、二〇一八年秋にはエンジンの組み立て工場を始動させた。また、極東での温室栽培（日揮と北海道銀行）の開始、リハビリセンターの開業（日揮と北斗病院）など、新たな分野の直接投資もあらわれてきた。第二次安倍政権以降の日本政府の積極的な対ロ政策が、日本企業のロシア市場への関心を後押ししている。

ウラジオストクでのAPEC首脳会議と日本の関与

ロシアがＡＰＥＣ（アジア太平洋経済協力会議）に参加が認められたのは一九九八年のことであり、それには日本政府の強い後押しがあった。二〇一二年九月にウラジオストクで行われたＡＰＥＣ首脳会議は、ロシア極東の開発史に大きなメルクマールとなる出来事であった。二〇一二年は、ロシアとしても長年の課題であったＷＴＯ加盟の年となり、ＡＰＥＣ首脳会議はその加盟直後に開催された。

ウラジオストクでは空港の整備や外海のルースキー島および内湾の金閣湾の二つの斜張橋の建設を含め、道路等の交通インフラ、廃棄物の処理設備、パイプライン等の公共インフラ整備等、多額の投資がなされ、市内および周辺の光景が一変した。しかし、これらのプロジェクトへの日本企業の関与は多くはなかった。日本企業が参加したプロジェクトは、当時の日本のウラジオストク総領事館作成資料によると、ルー

ウラジオストクにかかる橋、鷲巣展望台から金角湾、ルースキー島を臨む。37ページとほぼ同方向を撮影。

スキー島架橋工事（IHI、伊藤忠が関与）、金角湾架橋工事（北海道に本社を置く會澤高圧コンクリートが関与）、送電網（丸紅が関与）、ミニ熱併給発電施設（双日、川崎重工が関与）、海洋水族館（香川県に本社を置く日プラが関与）の案件があった。大部分は部材や機械の供給、事業へのアドバイス的なもので、そのなかで、北海道に本社を置く會澤高圧コンクリートがロシア企業と合弁（合弁は香港法人）を形成して、ロシア企業と共同で事業を行ったことは特筆できよう。

（6）二〇〇〇年代の外交と経済

二〇〇〇年代の日ロの政治関係を経済の視点からみてみよう。二〇〇〇年に入る直前は北方領土返還、平和条約締結への期待に沸いた日ロ関係であったが、その雰囲気は二〇〇二年に起きた鈴木宗男氏関連の事件を機に一気にしぼんだ。二〇〇一年に就任した小泉首相は、二〇〇三年に首相としてロシアを公式訪問し、日ロ行動計画を作成した。経済面では、日露貿易投資促進機構という日ロ双方の政府、民間の関係組織が集まった貿易促進団体が組織された。この団体は、独自の事務局をもつわけではなく、象徴的な意味合いの強い組織ではあるが、二〇〇六年からは政府間、とくに経済産業省および事務局を担ったロシア東欧貿易会（後のロシアNIS貿易会）が主導して、日本、ロシアで日露投資フォーラムを開催するなど、日ロの貿易経済関係が大きく伸びる時期に合わせて両国の経済イベントも多くなった。日ロの政治的関係は一九九〇年代末のような盛り上がりはなくなった。小泉首相のあと、第一次安倍政権から民主党政権まで、短命の政権が続き、日ロの政治的関係はほとんど進展しなかった。

この状況が第二次安倍政権誕生で一変した。二期目の安倍首相が初めてロシアを訪問したのは二〇一三年の四月末の大型連休のときであり、それ以来、ロシアのプーチン大統領との首脳会談は、二〇回以上、二〇一五年からウラジオストクで開催されている東方経済フォーラムには、二回以降の二〇一六年から三年連続で安倍首相は出席した。プーチン大統領と会談を頻繁に重ねることで、北方領土解決および平和条約締結に向けた外交努力を積極化した。

ただ、安倍首相の二〇一三年のロシア訪問は、小泉首相の二〇〇三年以来十年ぶりの日本の首相の公式訪問ということになっているが、その前の首相の名誉のために書いておくと、福田首相は二〇〇八年四月にロシアを非公式訪問し、二期目を退任前のプーチン大統領と、大統領選挙に当選した当時のメドベージェフ第一副首相に会っている。麻生首相（二〇〇八年〜二〇〇九年）は二〇〇九年にサハリンを訪問している。麻生首相の訪問は、サハリンの天然ガスプロジェクトのＬＮＧプラントの開所式への参加が目的で、第二次大戦後、国際的には帰属未定のサハリン訪問ということで話題になった。戦前を含め、日本の首相がサハリンを訪問したのは初めての画期的なことであり、この訪問の意味は大きい。

日本政府は、第二次安倍政権になってから、首相官邸の強い指導のもとに、外務省あるいは経済産業省のみならず、国土交通省、厚生労働省をはじめ、全省庁をあげて、ロシアとの経済関係強化に向けた努力が行われている。二〇一六年一二月のプーチン大統領の訪日時に合意された両国首脳会談時の重点項目としては、(1)健康、(2)都市作り、(3)中小企業、(4)エネルギー、(5)ロシアの生産性向上、(6)極東の産業振興、(7)先端技術、(8)人的交流、があげられた。二〇一三年の安倍訪ロ以降、食品、農業も重点項目に入っている。農業、健康分野などはロシア政府の掲げる重点課題でもある。

なお、日本とロシアの租税条約は、ソ連末期のゴルバチョフ時代の一九八六年に発効し、ロシアに引き継がれたが、三〇年以上を経て二〇一八年に利子、配当の税や使用料の軽減、免税などの改正がなされた新たな租税条約が発効した。

日朝関係とロシア

ロシアは日本と北朝鮮との関係で重要な役割を果たした。二〇〇二年に小泉首相が北朝鮮の指導者、金正日と会談し、北朝鮮が拉致の事実を認め、拉致被害者を帰国させることになったのも、ロシアが仲介役を行ったといわれる。二〇〇三年一月にモスクワで行われた小泉首相とプーチン大統領との日ロ首脳会談での発表には、「訪朝に際してのプーチン大統領からの助言に感謝する、日本は拉致問題および安全保障上の問題を解決して日朝国交正常化に至ることが重要と考えていると述べ、ロシアの協力の重要性を強調した。さらに、プーチン大統領と金正日主席の関係もあり、また、ロシアは北朝鮮に対して伝統的な関係を有しているので、それを利用して協力をお願いしたい旨述べた。」（外務省発表の日露首脳会談概要）とある。

ロシア（当時はソ連）は戦後の在日朝鮮人の北朝鮮への帰国運動でも重要な役割を果たしていた。一九五九年にこの運動が始まったが、きっかけのひとつが当時の最高指導者の金日成が平壌駐在のソ連の大使に帰国構想を示したことである。帰国の船も北朝鮮の船ではなくて、最初はソ連の船であった。帰国事業は一九六七年に終了し、一九七一年に再開し、一九八四年まで続いたが、帰国事業と北朝鮮の拉致問題が起きていた時期が重なるのは驚きである。

最初の最高指導者であった金日成はソ連軍で軍事訓練を受けたこともあり、ソ連の支持で北朝鮮指導者になった。また、息子の金正日は北朝鮮での公式情報では、朝鮮半島で生まれたことになっているが、父がソ連での活動中にソ連で生まれ、ロシア名があったという情報がロシア側からでている。親子ともどもソ連と密接な関係があった。北朝鮮というと中国が第一の友好国であるが、中国は過去、朝鮮半島の国家の宗主国であったという微妙な位置づけにある。対等な友好国として、ロシアは良い立ち位置にあるのかもしれない。

（7）今後の見通し

ロシアにおける日本企業の存在感

日ロ貿易は、新生ロシア誕生後の経済関係の低迷期を経て、二〇〇〇年代中盤のリーマンショック前まではロシアの高い成長に支えられて貿易および投資が大きく伸びた。しかし、その後の調整期を経て、ロシアの二〇一四年のクリミア併合を機にした欧米諸国の制裁、ルーブル安、原油安による経済悪化で、自動車の輸出も減り、貿易も減少し、景気のよい話はなくなった。ロシア経済も原油など資源エネルギー価格に依存するだけの経済発展モデルは限界にきている。また、自動車、自動車部品、建機などの現地生産も進み、日本企業の海外生産も普通になり、ロシア企業への日本の製品の供給は多様なルートがでてきたので、日ロの経済関係は、貿易だけでは計れない部分が大きくなってきた。

ロシアでは日本企業の存在感が小さく、屋外広告でも韓国企業が圧倒的で、日本企業あるいは日本のプレゼンスがロシアでは低いという話をよく聞く。確かに、二〇一八年のロシアで開催されたサッカーのワールドカップ大会では、ＦＩＦＡパートナーと呼ばれる公式スポンサーに日系企業の名前はない。アジアで入っているのは中国企業および韓国企業である。日本企業の世界経済における役割の低下を反映しているのかもしれないが、そんななかでロシア市場において特定分野でトップとなる日系企業も存在する。

たとえば、日本たばこ産業である。二〇一八年三月一六日の日本たばこ産業の発表によると同社はロシアのたばこ会社を買収し、同国のトップメーカーとしての立場をさらに強化し、シェア約四〇パーセントになったとしている。ロシアのたばこ市場は世界の第三位であり、ロシアは大きな稼ぎ頭になっている。

もうひとつのトップメーカーは旭硝子である。二〇一四年の建築用ガラスのロシアでのシェアはモスクワ州のクリン、ニジェゴロド州のボルの二つの工場を合わせて二八パーセントと一位になっている（M-brain紙二〇一五、三－一四の情報による）。ボルにある同社の工場の自動車用ガラスもロシアでシェア一位と言われている。クリンの工場のガラスは、はるばるサハリンにまで送られ、サハリンの企業がノボシビルスクで製造するドイツ企業の窓枠を取り付けて日本に輸出している。

日ロの関係で忘れてはならないのは、ロシア国内での日本食の興隆であろう。二〇〇〇年代のロシア経済の成長と合わせて急速に日本食レストランが全国にあらわれ、宅配すしなども、地方のそれなりの都市では当たり前になってきた。スーパーですしが売られているのをみるのも珍しいことではない。緑茶も当たり前となってきている。もちろん、この日本食レストラン、宅配は日本人、日本企業が行っていることはまれであり、日本人からすると「本当に日本食?」という疑問もあるが、ひとまず、日本食が広まることはありがたいことである。

一方、日本でのロシア料理はマイナーな存在であるが、在日ロシア人が経営者やシェフのところが増えてきている。定番のスープ、ボルシチも、きちんとビーツでつくるところがほとんどで、かつてのようにビーツが手にはいりにくいからトマトで代用ということはなくなった。今は、ビーツもスーパーで売られるようになり、日本でのロシア料理の本物感は増しているようである。

ロシアではアニメ、村上春樹等の文学をはじめ、日本文化、空手、柔道などへの関心は他国に増して高いものがある。プーチン大統領が柔道家であることは特別なことではなく、政府関係者で剣道家（元ロシア首相のキリエンコ氏）、空手家（二〇一八年当時のトルトネフ副首相をはじめ多数）をはじめ、政府高官が日本の武道家であることは珍しくない。翻って、日本の状況をみると、日本国民はロシアに好意的であるとは言いがたく、日ロ双方の国民の相手国に対する感情のギャップは非常に大きい。

日系企業の集まりで日本商工会的機能を果たすモスクワジャパン・クラブの会員企業数をみると、二〇〇五年頃以降急増し二〇〇社に迫る勢いであったが、リーマンショック、クリミア侵攻、欧米の制裁、原油価格減等により、伸び悩んでいる。しかし、二〇一八年十月現在で一九一社と、会員が激減という状況でもないようである。一概には言えないが、ロシアビジネスから撤退あるいは規模を縮小する企業がある一方で、第二次安倍政権の積極的なロシアとの経済交流政策にのってビジネスチャンスをロシアに見出してロシアビジネスに乗り出す企業があり、その双方の動きを反映したものであろう。他の外国の商工会の会員数と比較すると、確かに見劣りするところはあるが、米露商工会議所などは、リーマンショック後に会員数は半減し、二〇〇八年の八五三社が二〇一六年には四三六社になるなど、減少幅は大きい。

日本でのロシア語の人気は低い。江戸時代の蝦夷地へのロシア帝国の驚異からはじまって、日露戦争、ロシア革命による共産主義の脅威、シベリア出兵、第二次大戦時のソ連の侵攻、日本人のシベリア抑留と両国間は戦争や脅威で彩られている。諜報、防衛関係者が敵対国の言語を学ぶ動機ははっきりしているが、普通の日本人がロシア語を学ぼうという気にならないのは当然である。

アルファベットがラテン文字と異なり、変化形が多く、ロシア語

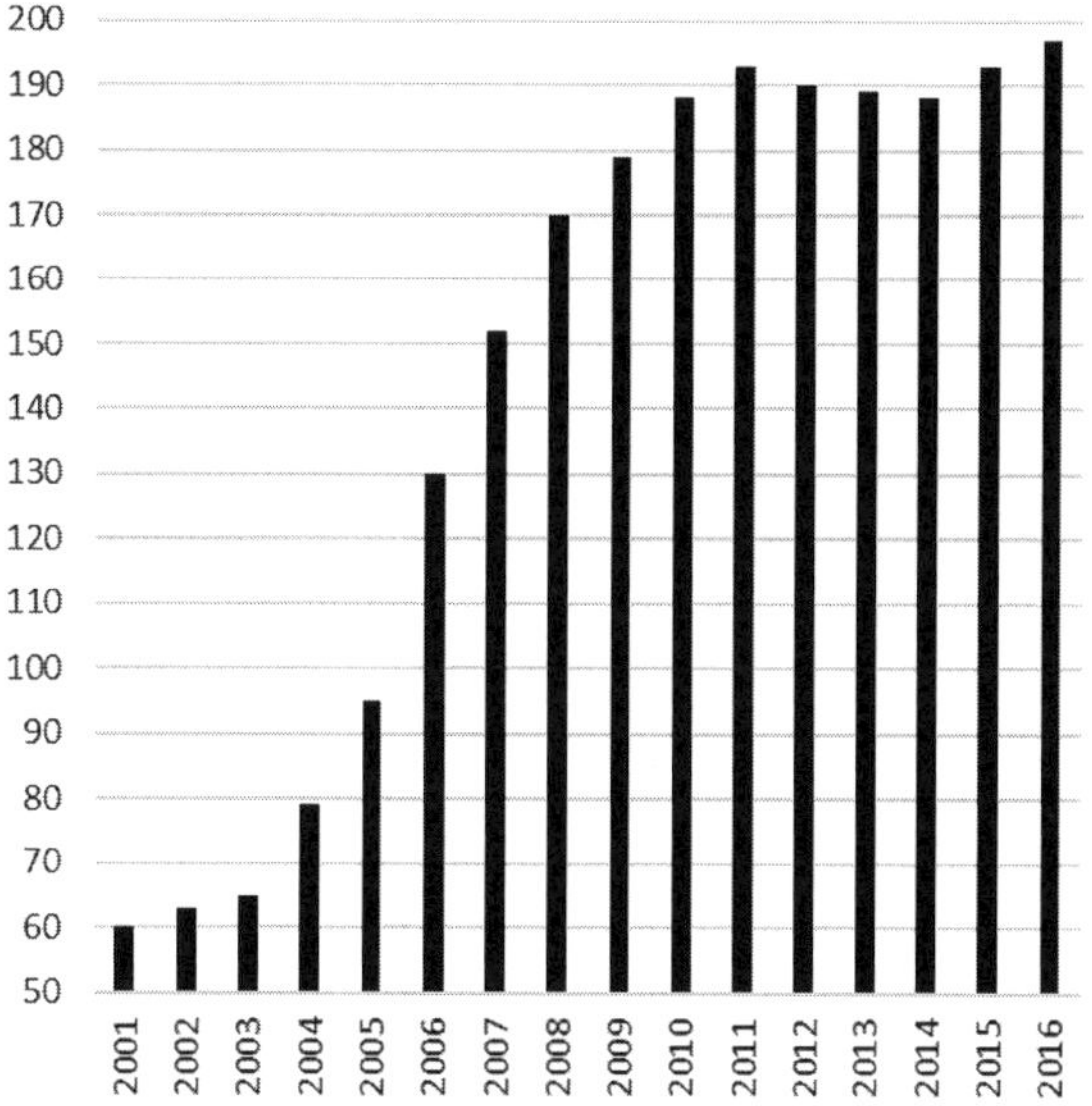

モスクワジャパン・クラブ会員数（組織数）

『ロシアNIS調査月報』（2017年4月号、96ページ）

は日本人には非常に難しい印象がある。筆者も七〇年代後半に大学の第二外国語でロシア語を選択したが、学生の大多数はドイツ語、フランス語を選択し、語学でクラス分けがなされた。ロシア語は二〇人程度しかいなかったのでクラスができず、対外経済開放前であったが、中国語のほうが四倍程度いたので、中国語の一部の人と一つのクラスをつくることとなった。

それでも、過去、多少なりともロシア語に興味を持つ層というのが存在した。かつては社会主義やロシア文学へのあこがれ、世界最初の人工衛星打上げに端を発する技術的な関心から入るということもあった。『科学技術者のためのロシア語入門』（一九六八年、学燈社）、『科学技術ロシア語——解釈から作文へ』（一九七二年、白水社）などの本が出版されていたのはこのような背景があったからである。

一九八五年のゴルバチョフの登場により、一時的にロシア語人気もでてきたが、一九九〇年代はソ連解体後のロシアの経済低迷もあり、二〇〇〇年代に経済が好調になっても、マスコミで取り上げられないので、なかなか人気にならない。

一方で、新生ロシアになってから新たな傾向がでてきた。それは、バレエ、音楽などの芸術方面への関心、フィギュアスケート、新体操等のスポーツへの関心などから、ロシア語を勉強するようになる人がでてきた。ソ連時代は留学が困難であったが、ロシアになってからはお金さえあれば容易に留学が可能になったということが背景にある。一九六〇年代にバイオリニストの前橋汀子氏はロシア語を勉強してソ連に留学したが、例外中の例外である。特殊例としては、宇宙飛行士は国際宇宙ステーションがロシアのもので、ロシアで訓練を受けるので、日本の宇宙飛行士も英語だけではなく、流暢にロシア語を話す。

二〇一九年二月発表ジェトロの『二〇一八年度ロシア進出日系企業実態調査』によれば、「営業黒字」見込みの企業は七二・八パーセント。三年連続で過去最高を更新。「赤字」見込みは過去最低」との分析があり、ロシア経済が悪いというイメージとは異なる実態がある。その背景には現地調達や輸入代替の進展などの要素もあるが、ロシア経済は制裁のなかで、悪いなりにビジネスチャンスがあるということであろう。しかしながら、ロシアでのビジネスが快適ということではない。海外での日系企業の工場建設の際には、日系の建設関係の企業もそれに合わせて進出することが多いが、ロシアの場合は建設関係の企業の進出が思わしくない。海外での建設関係に従事する企業の団体「一般社団法人海外建設協会」のホームページ（二〇一九年六月初）には協会メンバーの進出先の地図が示されていて、世界五大陸の主な国は網羅されているが、「東欧」の地域にはロシアがなく、協会メンバーはロシアで活動してはいないことを意味している。日系の工場建設では日本の建設会社が関係することはほとんどなく、外国企業による建設がほとんどのようである。

日揮株式会社の加藤資一氏は、いわゆる極東の新型経済特区（野菜の温室栽培の会社）、ウラジオストク自由港（リハビリセンター）での自社の企業設立、経営の経験を踏まえ、このような有利な条件整備がされているところでさえ、「これらは有効な制度であるが、建前と現実が乖離しているところもあり」（『日本貿易会月報』、二〇一八年七－八月号）と指摘しているように、ロシアでの建設作業を伴う企業設立のハードルが高いのも事実である。

新しい動きと重要度増すロシアとの経済関係

新しい動きとしては、サハリン州の企業が、二〇一六年に札幌に日本法人としてカールヴィ社を設立し、大阪などにも展示場を設け、日本向けに窓枠を輸出している。また、日本在住のロシア人がロシアの食用油を日本に輸入するなど、原材料以外の日本の輸入品も増えている。二〇一三年からロシアからのそばの輸入、二〇一八年には大豆も輸入されるなど、新たな輸入商品開発も進んでいる。ロシアは世界的には中国と並んで、そばの生産大国である。

二〇一八年のロシアへの輸出商品の構成比をみると、かつて大きなシェアを占めた鉄鋼はわずか一パーセントと小さくなった。大きなシェアを占めているのは一時期よりはシェアが小さくなったが（二〇〇八年には乗用車とバス、トラックで四分の三を占めた）自動車関連である。乗用車、バス、トラック、自動車部品、また、ゴム製品のなかのタイヤを含めると、六〇パーセントを越えている。一方、輸入では、主役の座はかつての

	順位	シェア（%）	備　考
輸出	21	0.9	2002年、0.1%（20位）
輸入	13	2.1	2000年、1.2%（20位）、2014年、4.7%（10位）
自動車輸出	5	2.5	2位、2008年、9.5%
原油輸入	5	5.8	
LNG輸入	5	8.0	
石油輸入	3	9.0	
非鉄金属	4（2013）	10.0（2013）	

日本の貿易に占めるロシアのシェア（2017年）

ジェトロ、日本貿易会の資料をもとに作成

木材、魚介類から原油、天然ガスに代わった。石炭を含めたエネルギー資源の割合は五〇パーセントを越える。

日本と新生ロシアとの貿易関係は二〇〇〇年頃までは、日本の貿易関係のなかではマージナルな位置づけといえるもので、輸出においては中古車、輸入においては木材あるいは非鉄金属、カニ、石炭などで一定の存在感を示してきただけであった。それが、二〇〇〇年代に入り、輸出は車、輸入は石油ガスなどのエネルギー資源で大きなシェアをロシアが占めることとなった。これだけみると、一部のアイテムへの輸出入の偏りはあるようにみえるが、貿易額は増えているので商品の多様化も進んでいる。ビザの簡素化が進み、日ロの人的交

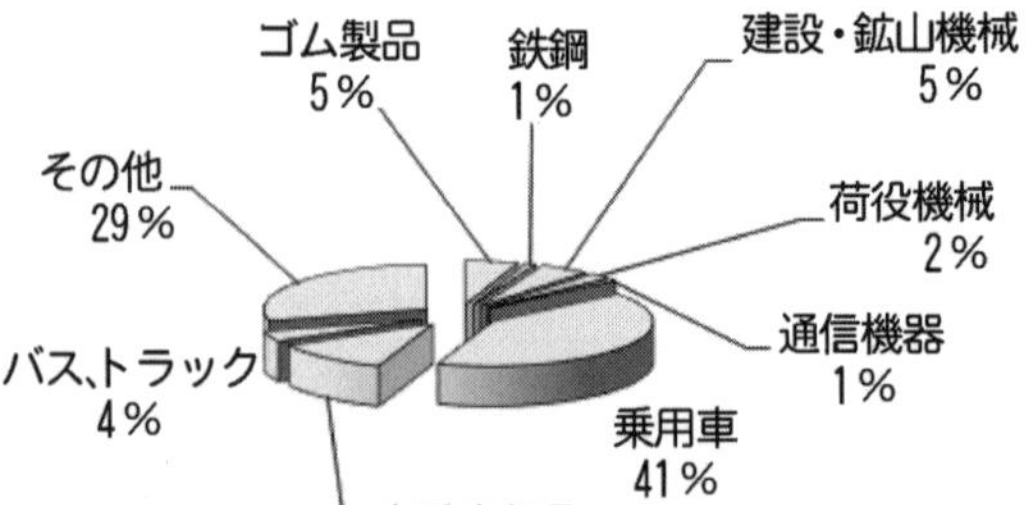

日本の対ロ輸出商品構成比（2018年）
『ロシアNIS調査月報』（2019年5月号）をもとに作成。全体を100パーセントになるように調整した。

流が拡大し、訪日客および在日のロシア国民も増えてきたので、きめ細やかな日ロの貿易商品発掘も可能となっていることが背景にある。

日本人になじみのないロシアと言われるが、ロシア人の日本在留者の数は少なくない。二〇一八年末の在留者数は八九八七人、確かに外国人数二七三万人のわずか〇・三パーセント程度の少なさである。アジアが圧倒的に数が多く、北米、南米の一部の国も非常に多い。しかし、欧州の国のなかではロシアは英国の一万七〇〇〇人、フランスの一万三〇〇〇人に次ぐ第三位である。ドイツやイタリアよりも多い。地域別にみると、北海道、新潟、富山ではロシア人の在留者が外国人のなかで一パーセントを超え、欧州諸国のなかではもっ

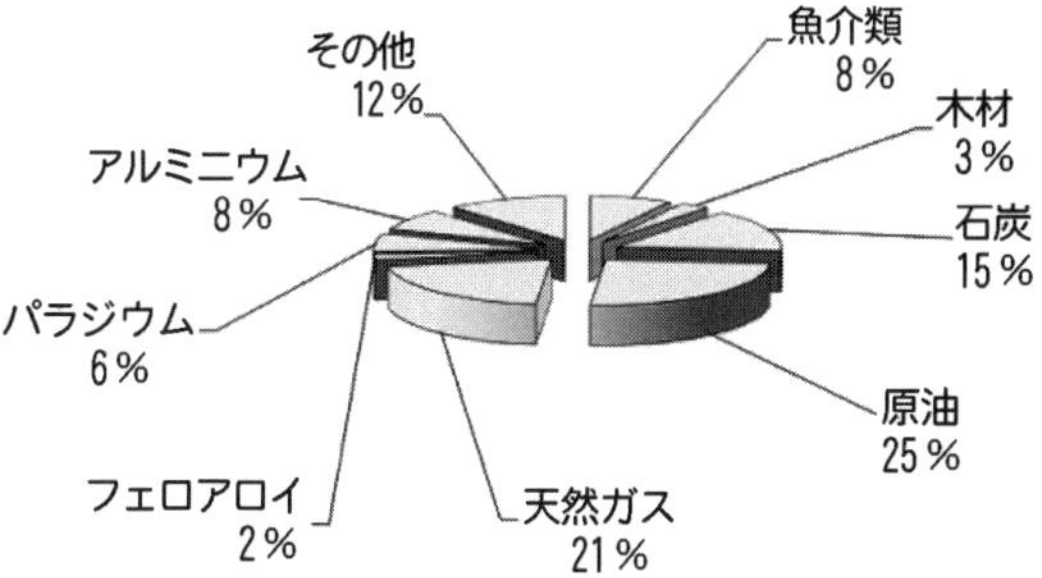

日本の対ロ輸入商品構成比（(2018年)

『ロシアNIS調査月報』(2019年５月号) をもとに作成。全体を100パーセントになるように調整した。

とも在留者の多い国となっている。また旧ソ連では、ウズベキスタン人の在留者数が欧州のなかでは、ドイツ、イタリアについで多い三〇〇〇人を超えるのは意外である。

おわりに

戦後の日ソ貿易の軌跡をみると、国交回復からしばらくは入超の時期が続いたが、一九七〇年前後から輸出中心に貿易額が伸びて、一九七五年に出超に転じ、一九八九年、ソ連解体直前まで日本の出超が続いた。筆者の上司であった故村上隆氏は、「シベリア開発プロジェクトや大型プラントの輸出が実現した一九七〇年代には三~四%を占めた時期があった」(『ソ連東欧学会年報』、一九九一巻二〇号、九ページ)と指摘している。三菱商事に長く勤務し、ロシアＮＩＳ経済研究所所長をつとめた遠藤壽一氏は、この貿易額が伸びた時期について、ソ連側からみると、西側の先進諸国との貿易相手として日本は、「西独・フィンランドと首位を争った。八〇年代には日本は停滞した時代もあったが、第五位を下ることはなかった」(季刊『国際貿易と投資』Spring 2008/No.71、十八ページ)と評し、ソ連側からみた日本の役割は、ある程度大きいものがあったと言う。特に、日本の出超の時期に、大口径鋼管などの鉄鋼製品のシェアが非常に高まった。輸入では木材、石炭、水産物などがソ連のプレゼンスが伝統的に高かった。

ソ連解体後、ロシアの時代は日本側の入超が続き、日本の輸出が減り、貿易全体が低調であった。しかし、二〇〇〇年代の初頭から中盤、ロシアが高成長期に入って、消費

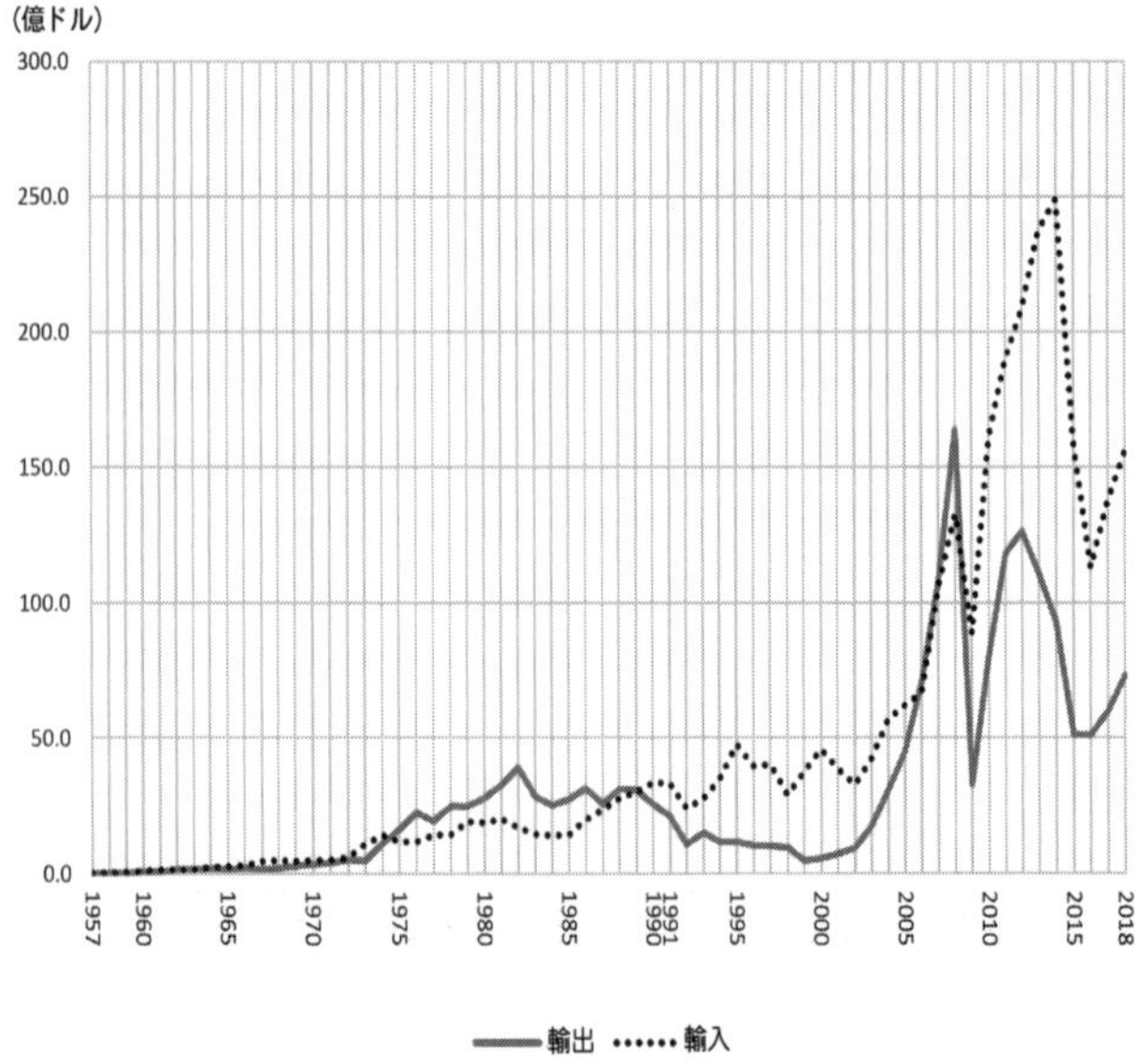

日本の対ソ連・ロシア貿易推移

『ロシアNIS調査月報』(2019年5月号)をもとに作成(実数は巻末資料参照)

需要が大きく伸び、とくに自動車の輸出が急増、日本の出超となり、これが続くと日本のビジネス界は判断し、ロシアへの工場進出が始まった。

ところが、二〇〇八年の、リーマンショックや二〇一四年のロシアのクリミア併合に対する制裁に加え、原油価格が低迷し、資源国ロシアの経済は打撃を受けた。そのために日本の対ロ輸出は不調となった。一方、伝統的な石炭輸入に加え、石油、ガスの輸入先としてのロシアの重要性は非常に高まり、輸入は堅調である。その結果、日ロ貿易は減少し、輸入超過が続いている。

日本とソ連およびロシアとの経済関係は、総体としては緊密なものではなかったが、シベリアの資源開発やインフラ開発プロジェクト、サハリンの石油ガス開発に対する日本企業の関与は大きく、ソ連経済およびロシア経済、とくに極東地域経済への日本の貢献度は大きい。とりわけ、日本との中古車貿易、水産物貿易がロシア極東の人々への所得向上、生活向上、ビジネスの発展に役立ったことを指摘したい。

日ソの貿易額推移

（単位：億ドル）

年	総額	輸出	輸入	収支
1957	0.2	0.1	0.1	▲0.0
1958	0.4	0.2	0.2	▲0.0
1959	0.6	0.2	0.4	▲0.2
1960	1.5	0.6	0.9	▲0.3
1961	2.1	0.7	1.5	▲0.8
1962	3.0	1.5	1.5	0.0
1963	3.2	1.6	1.6	▲0.0
1964	4.1	1.8	2.3	▲0.4
1965	4.1	1.7	2.4	▲0.7
1966	5.1	2.1	3.0	▲0.9
1967	6.1	1.6	4.5	▲3.0
1968	6.4	1.8	4.6	▲2.8
1969	7.3	2.7	4.6	▲1.9
1970	8.2	3.4	4.8	▲1.4
1971	8.7	3.8	5.0	▲1.2
1972	11.0	5.0	5.9	▲0.9
1973	15.6	4.8	10.8	▲5.9
1974	25.1	11.0	14.2	▲3.2
1975	28.0	16.3	11.7	4.6
1976	34.2	22.5	11.7	10.8
1977	33.6	19.3	14.2	5.1
1978	39.4	25.0	14.4	10.6
1979	43.7	24.6	19.1	5.5
1980	46.4	27.8	18.6	9.2
1981	52.8	32.6	20.2	12.4
1982	55.8	39.0	16.8	22.2
1983	42.8	28.2	14.6	13.7
1984	39.1	25.2	13.9	11.2
1985	41.8	27.5	14.3	13.2
1986	51.2	31.5	19.7	11.8
1987	49.2	25.6	23.5	2.1
1988	59.0	31.3	27.7	3.6
1989	60.9	30.8	30.0	0.8
1990	59.1	25.6	33.5	▲7.9
1991	54.3	21.1	33.2	▲12.0

『ロシアＮＩＳ調査月報』（2018年5月号）をもとに作成

日ロの貿易額推移

（単位：億ドル）

年	総額	輸出	輸入	収支
1992	34.8	10.8	24.0	▲ 13.3
1993	42.7	15.0	27.7	▲ 12.7
1994	46.6	11.7	34.9	▲ 23.2
1995	59.3	11.7	47.6	▲ 35.9
1996	49.7	10.2	39.5	▲ 29.2
1997	50.3	10.1	40.2	▲ 30.0
1998	38.6	9.7	28.9	▲ 19.2
1999	42.4	4.8	37.6	▲ 32.8
2000	51.6	5.7	45.9	▲ 40.2
2001	45.9	7.2	38.7	▲ 31.6
2002	42.2	9.4	32.8	▲ 23.3
2003	59.8	17.6	42.2	▲ 24.5
2004	88.0	31.1	56.9	▲ 25.8
2005	106.9	44.9	62.0	▲ 17.2
2006	137.2	70.7	66.6	4.1
2007	212.9	107.4	105.5	1.8
2008	296.6	163.7	132.8	30.9
2009	121.5	32.9	88.5	▲ 55.6
2010	241.2	80.3	161.0	▲ 80.7
2011	307.7	118.0	189.7	▲ 71.7
2012	334.8	126.4	208.4	▲ 82.0
2013	348.4	110.7	237.8	▲ 127.1
2014	341.9	93.1	248.8	▲ 155.8
2015	208.8	51.2	157.6	▲ 106.4
2016	164.1	51.3	112.9	▲ 61.6
2017	198.1	60.1	138.0	▲ 78.0
2018	228.7	73.0	155.8	▲ 82.8

『ロシアＮＩＳ調査月報』（2018年5月号）をもとに作成

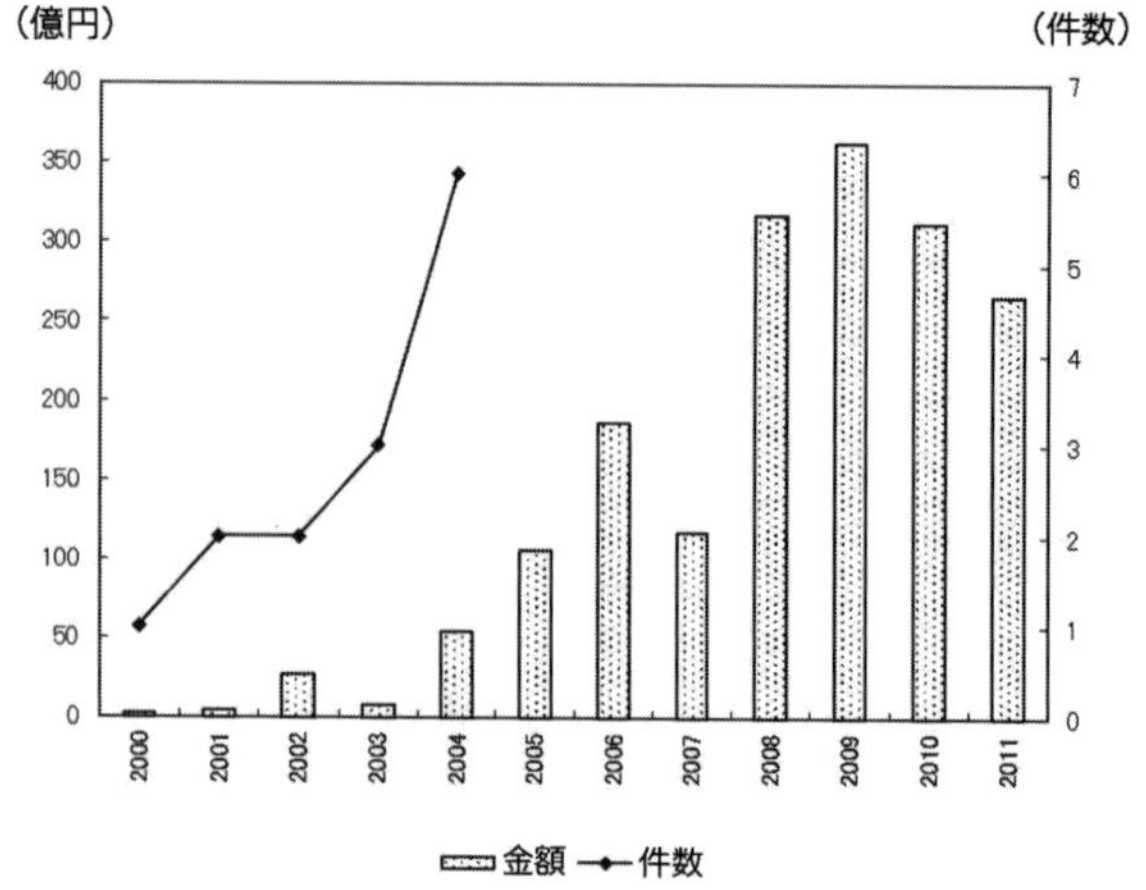

2000年以降の日本の対ロシア直接投資推移

財務省のホームページから作成、2005年から件数は表示されていない、2018年現在、直接投資統計は新システムに移行したために、この図のデータは掲載されていない。

ロシアの日本企業出資事業の地域別展開

筆者の判断で、二〇一八年現在で、各種資料からまとめた。地域はロシアの連邦管区、連邦構成主体をベースに区分した。

（注）カッコ内は、業種、大陸貿易は本文にあるようにソ連時代にイルクーツク州、ハバロフスク地方に合弁企業を設立したが、イギルマ大陸はロシア側に持分売却、一方、ハバロフスクの合弁は自主清算した。タカタは別会社に事業譲渡され、日系ではなくなったが、そのまま掲載した。

モスクワおよび中央地域

・モスクワ市

ＩＨＩ（自動車部品）

フジクラ（光ファイバー）

ユニクロ（店舗販売）

ミキハウス（店舗販売）

味の素（研究開発）

丸亀製麺（ファーストフード）

松屋（ファーストフード）

・モスクワ州

ＡＧＣ（ガラス）

ＳＭＣ（自動車部品）

アークレイ（医療機器）

・カルーガ州

三菱自動車（自動車組立）

・トゥーラ州

ユニ・チャーム（紙おむつ）
・リペック州
横浜ゴム（タイヤ）
・トヴェーリ州
日立建機（建機）
・ヤロスラブリ州
コマツ（建機）
武田薬品（医薬品）
・リャザン州
タツノ（給油機）

北西地域

・サンクトペテルブルグ市
トヨタ自動車（自動車組立）
日産自動車（自動車組立）
トヨタ紡織（自動車部品）
東芝（変圧機）

ユニプレス（自動車部品）
カルソニックカンセイ（自動車部品）
東京製綱（防災製品）
JT（たばこ）

沿ボルガ地方

・ニジェゴロド州
AGC（自動車用ガラス）
ティラド、大同メタル
クラレ、矢崎総業、ユーシン（自動車部品）
・マリーエル共和国
ミツバ（自動車部品）
・ウドムルト共和国
鬼怒川ゴム（自動車部品）
・サマラ州
日産自動車（自動車組立）

三桜工業、アツミテック、
ハイレックス、GMB（自動車部品）
・ウリヤノフスク州
タカタ（自動車部品）
ブリジストン（タイヤ）
DMG森精機（工作機械）
・タタルスタン共和国
三菱ふそう（トラック製造）

ウラル地方
・スヴェルドロフスク州
住友電工(自動車部品)
ニプロ（医療機器）

シベリア・極東
・イルクーツク州
田島木材・三井物産（木材加工）
・サハ共和国
北海道銀行（温室栽培）
・ブリャート共和国
三井物産（木材加工）
湧別商事（木材加工）
・ハバロフスク地方
日揮・北海道銀行（温室栽培）
・沿海地方
住友商事（木材加工）
マツダ（自動車、部品組立）
日揮・北斗病院（リハビリ）
・サハリン州
三井物産・三菱商事（石油ガス）
サハリン石油（石油ガス）

高橋 浩（たかはし ひろし）
山形県米沢市生まれ。一橋大学社会学部卒業、日本民間放送連盟を経て、1985年、ソ連東欧貿易会（現在のロシアＮＩＳ貿易会）に入る。貿易保険機構カントリーリスク研究所に出向し総括主任研究員を経て、ロシアＮＩＳ貿易会ロシアＮＩＳ経済研究所副所長を務め、定年で特別研究員となり、現在に至る。著書には、『早わかりロシアビジネス』（日刊工業新聞社、2008年）、共著に『改訂版　ロシアのことがマンガで3時間でわかる本』（明日香出版社、2014年）など。

ユーラシア文庫18
日本《にほん》とソ連《れん》・ロシアの経済関係《けいざいかんけい》 戦後から現代まで
2021年2月16日　初版第1刷発行

著　者　高橋 浩

企画・編集　ユーラシア研究所

発行人　島田進矢
発行所　株式会社 群 像 社
神奈川県横浜市南区中里1-9-31 〒232-0063
電話／FAX 045-270-5889　郵便振替　00150-4-547777
ホームページ　http://gunzosha.com
Eメール info@gunzosha.com

印刷・製本　モリモト印刷

カバーデザイン　寺尾眞紀

ISBN978-4-910100-15-9

「ユーラシア文庫」の刊行に寄せて

1989年1月、総合的なソ連研究を目的とした民間の研究所としてソビエト研究所が設立されました。当時、ソ連ではペレストロイカと呼ばれる改革が進行中で、日本でも日ソ関係の好転への期待を含め、その動向には大きな関心が寄せられました。しかし、ソ連の建て直しをめざしたペレストロイカは、その解体という結果をもたらすに至りました。

このような状況を受けて、1993年、ソビエト研究所はユーラシア研究所と改称しました。ユーラシア研究所は、主としてロシアをはじめ旧ソ連を構成していた諸国について、研究者の営みと市民とをつなぎながら、冷静でバランスのとれた認識を共有することを目的とした活動を行なっています。そのことこそが、この地域の人びととのあいだの相互理解と草の根の友好の土台をなすものと信じるからです。

このような志をもった研究所の活動の大きな柱のひとつが、2000年に刊行を開始した「ユーラシア・ブックレット」でした。政治・経済・社会・歴史から文化・芸術・スポーツなどにまで及ぶ幅広い分野にわたって、ユーラシア諸国についての信頼できる知識や情報をわかりやすく伝えることをモットーとした「ユーラシア・ブックレット」は、幸い多くの読者からの支持を受けながら、2015年に200号を迎えました。この間、新進の研究者や研究を職業とはしていない市民的書き手を発掘するという役割をもはたしてきました。

ユーラシア研究所は、ブックレットが200号に達したこの機会に、15年の歴史をひとまず閉じ、上記のような精神を受けつぎながら装いを新たにした「ユーラシア文庫」を刊行することにしました。この新シリーズが、ブックレットと同様、ユーラシア地域についての多面的で豊かな認識を日本社会に広める役割をはたすことができますよう、念じています。

ユーラシア研究所